Pour quel **MÉTIER** êtes-vous fait ?

MARIE-CHRISTINE BLANC-MORA
avec la collaboration d'Emmanuel Vaillant
et Sophie Kluzek pour le test

l'Etudiant
www.letudiant.fr

SOMMAIRE

Pour bien utiliser ce livre, et trouver la bonne réponse à vos questions, consultez les index en fin d'ouvrage.

Les informations que nous publions dans ce livre sont à jour en août 2001. Pour les actualiser ou pour les compléter, lisez chaque mois *l'Etudiant* ou tapez 36.15 LETUDIANT.

DES GOÛTS ET DES MÉTIERS

« Finalement, ce qui compte, c'est d'arriver à faire quelque chose que l'on aime, même si c'est parfois un peu aléatoire et un peu moins confortable. »
Gérard d'Aboville

« Des gens qui s'ennuient dans leur boulot, nous en connaissons tous, même davantage que de passionnés », ironise Mathieu, élève de terminale. « Ce qu'il y a d'angoissant, c'est de penser qu'on pourrait leur ressembler : se laisser glisser. Afficher une mine de papier mâché. Se lever sans enthousiasme, aller travailler à reculons et se coucher en ayant l'impression d'avoir perdu sa journée. Non merci ! Je me dis qu'il faut réagir, trouver ma voie ! »

TROUVER SA VOIE

Bien sûr, le témoignage de Mathieu est un peu caricatural, mais non moins empreint d'une certaine part de vérité... Une vérité parfois difficile à admettre lorsque l'on est adulte, plongé dans la routine, entraîné par les contraintes quotidiennes. À l'instar de nombreux adolescents interviewés durant la rédaction de ce livre, ce que souligne Mathieu, c'est bien le manque d'allant caractérisant certains adultes lorsqu'ils sont amenés à parler de leur profession, surtout quand elle ne les intéresse pas vraiment.

Quand profession ne rime pas avec passion. « Il est aussi insupportable de passer son temps à exercer un métier que l'on déteste qu'un métier pour lequel on n'a pas les aptitudes nécessaires ! De surcroît, changer de cap n'est pas une mince affaire », atteste François qui, malgré ses 39 ans et plus de quinze ans d'expérience en tant que juriste d'entreprise, aspire

À SAVOIR

Les jeunes et les métiers

D'après un sondage réalisé en février 2000 par le journal *Le Parisien* auprès de jeunes de 16 à 25 ans, 69 % d'entre eux choisiraient prioritairement une profession pour son salaire, contre 41 % s'attachant d'abord à l'intérêt du métier. Mais, paradoxalement, 51 % des personnes interrogées estiment que réussir, c'est d'abord exercer un métier passionnant ! À cet égard, les secteurs de la publicité et de la communication, mais aussi celui du commerce attirent de nombreux jeunes. L'informatique et les professions liées à Internet apparaissent également comme les secteurs offrant le plus de perspectives d'emploi, loin devant les carrières de médecin, d'avocat et d'enseignant, qui firent pourtant longtemps rêver.

Dans l'idéal, 14 % des jeunes interrogés admettent qu'ils aimeraient créer leur propre entreprise mais, à bien y réfléchir, à peine 10 % d'entre eux se voient réellement chefs d'entreprise. Enfin, 67 % des interviewés pensent que dans dix ans leur vie de famille passera avant leur vie professionnelle.

pourtant à devenir photographe. De fait, mieux vaut accorder de l'attention à son avenir : « Trouver sa voie », comme conclut Mathieu, bien décidé à agir. Et justement…

« Soyez les acteurs de votre orientation »

Voilà une phrase très à la mode dans la bouche des conseillers d'orientation comme des profs ou encore des parents ! Un leitmotiv qui agace les moins motivés par les études, qui angoisse les plus soucieux de leur avenir mais qui, concrètement, ne fait pas vraiment avancer les choses !

« Et puis d'ailleurs, si l'orientation devait être comparée à un film, est-ce bien le rôle de l'acteur vedette qu'il suffit de revendiquer ? », s'interroge Muriel qui, avec quelques années de recul par rapport à l'époque de son orientation, s'étonne de cette comparaison. « Car au fond, l'acteur est celui pour lequel on écrit l'histoire, celui qu'on dirige et qui interprète, mais pas franchement celui qui décide. D'accord, il crée un personnage mais, c'est paradoxal. Pour réussir son orientation, il ne s'agit pas, d'emblée, de composer, mais d'assumer sa personnalité ! » C'est donc à vous de prendre les devants, de chercher à vous informer, de dire ce qui vous plaît ou encore vous rebute. Enfin, de diversifier vos connaissances comme de mettre en valeur vos compétences, d'oser avoir des idées, etc.

Du scénario à la palme d'or. Bref, c'est à vous d'ébaucher plusieurs scénarios pour votre orientation, mais aussi de choisir les meilleurs partenaires et de leur donner envie de s'investir dans votre histoire, de vous aider à concrétiser vos ambitions. Remporterez-vous d'emblée la palme d'or en trouvant tout de suite une idée de métier ? Peut-être et dans ce cas, tant mieux ! Néanmoins, sachez d'abord faire la part des choses, ne pas naviguer à vue mais associer votre orientation à un long fleuve tranquille qu'il convient donc de traverser avec sérénité !

Pourquoi prendre l'orientation au sérieux ?

On vous demande de décider de plus en plus tôt de votre parcours scolaire et les procédures d'orientation obéissent à un **calendrier** extrêmement strict.

> **CALENDRIER**
> **C'est surtout au cours du troisième trimestre qu'il convient d'être très vigilant.**

Des portes s'ouvrent, mais d'autres se ferment. C'est ce que souligne Adrien, qui est conseiller d'orientation-psychologue : « Dans tous les cas, l'orientation de fin de classe de troisième entraîne de façon plus ou moins évidente une implication professionnelle. Par exemple, chaque année, une quantité non négligeable d'élèves entre en seconde professionnelle. Pour ces jeunes-là, on pourrait dire que tout est presque tracé. En effet, ils ne savent pas encore forcément quel métier ils exerceront, mais ils connaissent déjà le secteur d'activité dans lequel ils vont évoluer. L'élève qui entre en seconde professionnelle pour faire de l'électronique, aussi loin qu'il poursuive ses études, restera dans l'électronique. S'il se découvre subitement une vocation de philosophe ou de médecin, ses chances de le devenir sont quasi nulles ! Idem pour une orientation vers un baccalauréat général ou technologique. Ces baccalauréats n'ouvrent pas toutes les portes. Avec un baccalauréat technologique, on peut, bien sûr, aller en faculté mais, à moins de faire partie des meilleurs, on risque de s'y planter en beauté ! »

Dès lors, autant choisir en connaissance de cause et avec le plus d'entrain possible. Mais attention, votre orientation ne doit pas pour autant devenir une fixation et virer au cauchemar. Souvenez-vous : le long fleuve tranquille !

NE PAS DRAMATISER

Les professeurs, comme les conseillers d'orientation, et peut-être même vos parents, vous questionnent souvent à propos de votre « projet personnel ». Mais le problème, c'est que justement, vous n'en avez pas... D'abord, assurez-vous de bien parler le même langage, de ne pas confondre « projet personnel » et « vocation ». Puis de ne pas confondre « projet personnel » et « choix d'orientation ».

Si vous n'avez pas de vocation...

Et alors ? Il est inutile de culpabiliser ! Comme vous pourrez le vérifier en lisant les témoignages des professionnels interviewés dans la seconde partie de ce guide, les vraies vocations sont rares ; ce qui n'empêche pas pour autant d'aimer son métier !

À SAVOIR

Troisième trimestre, attention danger !

La fin de l'année scolaire approche et il est grand temps de bien faire la différence entre les menaces et les vrais pronostics de vos professeurs, mais aussi de décoder toutes les subtilités internes à chaque établissement en matière d'orientation. À cet égard, il peut être utile de contacter les associations de parents d'élèves de votre collège ou du lycée où vous souhaitez poursuivre vos études. Par ailleurs, faire un bilan avec le professeur principal ou encore avec un conseiller d'orientation peut permettre de remonter la pente, juste à temps !

Après tout, quand on a 15 ou 18 ans on a le droit de n'avoir pour ambition que d'entrer au lycée, de s'y sentir à l'aise, d'obtenir son bac. L'important est alors d'entamer un parcours adapté à vos goûts et à vos capacités afin de rester motivé par vos études.

Distinguez projet personnel et choix d'orientation. De fait, c'est vrai qu'il va falloir choisir tel bac plutôt que tel autre, telle option plutôt que telle autre… Mais, comme l'explique Yves Rémy, auteur d'un livre sur l'orientation : « Projet personnel et choix d'orientation sont deux notions qu'il faut distinguer. Le choix d'orientation s'inscrit dans un temps court et largement irréversible. Par exemple : formuler ses vœux avant le 31 mai. Au contraire, le projet personnel, par définition, s'inscrit dans la durée et va, au cours du temps, être remanié, affiné, enrichi. À la différence du choix d'orientation, il n'a pas de formulation définitive. »

Rien n'est jamais figé !

« L'orientation, au sens large, n'est pas un aboutissement, mais un processus continu qui doit permettre de définir ce que l'on

TÉMOIGNAGE

SABRINA, 20 ANS, UN PARCOURS SINUEUX

Elle rêvait de devenir chanteuse, mais elle a choisi une première scientifique, puis une terminale littéraire, option mathématiques. Son baccalauréat en poche, Sabrina se dirige en hypokhâgne, option histoire de l'art pour continuer en khâgne. Enfin, Sabrina s'inscrit en deuxième année de DEUG de géographie et prépare, en parallèle, le concours d'entrée à l'École du paysage... Bizarre, bizarre ? « Un peu », admet-elle amusée.

Le métier de musicien, trop galère. « Je connais des chanteurs professionnels talentueux, mais, pour autant, cela ne les empêche pas de galérer ! Alors je me suis dit que je n'avais sans doute pas le niveau nécessaire et je me suis demandée si le fait de vivre de son art ne diminuait pas un peu le plaisir. Je continue à prendre des cours de chant, mais c'est pour moi un loisir. Si c'était un métier, j'aurais peur que cela devienne un sacerdoce ! Je crois également que c'est une profession trop exclusive, qui réclame que l'on consacre tout son temps à la musique. »

En discutant avec une voisine. « L'idée de devenir paysagiste m'est venue en discutant avec une voisine dont c'était la profession. Je pense avoir vraiment trouvé ma voie. Cela va me permettre de me servir de la géographie, de l'histoire et, bien sûr, de l'histoire de l'art, d'aborder la sociologie, car l'aménagement du territoire, l'urbanisme font partie intégrante d'une société. »

Un métier qui conjugue goûts et talents. « C'est un métier qui requiert aussi des qualités artistiques puisqu'il nécessite de savoir dessiner. Bref, c'est tellement varié que j'ai moins l'impression d'avoir à renoncer à une multitude de choses ! »

aime. Il ne s'agit pas seulement de chercher soudainement une adéquation entre des résultats scolaires et des filières, mais de multiplier les expériences qui permettront de se forger une identité, d'apprendre à structurer des projets et de les réaliser », explique Mireille Henry-Renard, conseillère d'orientation-psychologue. De fait, avoir un projet personnel signifie simplement réfléchir à son avenir, tant d'un point de vue professionnel que personnel afin d'envisager une trajectoire. Mais cela ne signifie en aucun cas dresser son plan de carrière à long terme et à la virgule près !

Un marché de l'emploi qui bouge. D'abord, parce que personne ne peut affirmer avec certitude quels seront les secteurs d'activité porteurs de **débouchés** lorsque vous arriverez sur le marché du travail. Bien sûr, les spécialistes en matière d'emploi peuvent déjà présager de la disparition de certaines professions en raison notamment des avancées technologiques ou encore des exigences économiques. Inutile pour autant de tirer de cela des conclusions hâtives et de renoncer à vous informer sur un métier qui vous semble intéressant sous prétexte qu'il semble être sans débouchés.

> **DÉBOUCHÉS**
> **Le secteur de la téléphonie mobile par exemple qui s'annonçait comme le nouvel eldorado du troisième millénaire a connu ses premiers revers en 2001...**

Ne partez jamais battu !

N'importe quelle porte, même entrouverte, même s'il faut la forcer, peut vous conduire au métier que vous souhaitez. Parce que l'orientation n'a rien de scientifique et qu'il n'existe pas de parcours sans faute. Feuilletez les magazines et les rubriques de journaux concernant l'emploi et vous constaterez que de nombreux adultes n'hésitent pas à se reconvertir, par nécessité ou par passion.

De la curiosité et du punch. Votre horizon n'est peut-être pas aussi bouché qu'on le prétend, à condition de faire preuve

TÉMOIGNAGE

Lorsqu'un hobby devient métier

Yaël Zaraï Bolender est décoratrice à Paris : « Je suis née dans une famille d'artistes et ma mère a même été célèbre. À l'époque, c'était très agaçant. Chaque fois que quelqu'un me croisait, je m'entendais dire : "Alors toi aussi tu seras une grande artiste ?" Eh bien non ! Je voulais être différente, avoir un vrai métier ! J'ai donc entamé des études de sciences économiques, puis de comptabilité pour devenir expert-comptable. Mais très vite, j'en ai eu assez de jongler avec les chiffres ! »

Assumer l'héritage familial. « J'ai profité d'un licenciement pour faire une pause. J'avais toujours aimé dessiner ; j'ai ressorti mes pinceaux et je me suis mise à peinturlurer tout ce qui me tombait sous la main. Juste pour le plaisir. Et puis j'ai commencé à vendre mes réalisations. Ce fut le déclic. J'avais 31 ans, je me suis dit qu'il était temps de savoir ce que je voulais faire. Au fond, j'étais aussi une artiste, cela devait être de famille, alors j'ai assumé !

Pas seulement une artiste. « Parfois, je me dis que j'aurais dû faire les Beaux-Arts ou les Arts-Déco, mais ma formation de comptable a eu du bon, notamment quand je me suis installée à mon compte. Et puis, comme ça, je ne suis pas seulement une artiste ! Une part de moi est restée sérieuse. Je ne regrette rien. Il faut faire ce que l'on aime, quitte à moins bien gagner sa vie. Car la passion est un excellent moteur. On trouve forcément des solutions pour s'en sortir. Par exemple, pour arrondir mes fins de mois, je n'ai pas hésité à être démonstratrice dans un magasin de décoration et de créations manuelles. Cela m'a appris des tonnes de choses, et, bien sûr, apporté de nouveaux clients. Aujourd'hui, ceux qui se moquaient de "ma reconversion" rient moins fort ! Je ne suis ni riche ni célèbre, mais je fais ce qui me plaît. »

de dynamisme. Alors pour commencer, multipliez les expériences. S'inscrire à un cours de théâtre, rejoindre un club sportif ou une association de bénévoles permet de se forger une identité et pourquoi pas de trouver une idée de métier. « C'est en prenant des cours de décoration florale que j'ai senti naître ma vocation », explique Maryse aujourd'hui paysagiste.

Choisir n'est pas renoncer. Enfin, persuadez-vous du fait que choisir ne signifie pas renoncer. Certes, l'orientation que vous choisirez va fortement conditionner votre futur, mais pour vous décider plus sereinement, gardez quand même à l'esprit qu'il existe des dizaines de façons de se préparer à exercer un métier ou de travailler dans un secteur d'activité qui vous intéresse. « Grâce à l'alternance, non seulement je prépare un diplôme reconnu, je me sens utile dans une entreprise, mais, de plus, ce que j'y apprends donne un sens à mes études ! Pour moi, c'est la formule idéale », reconnaît par exemple, Laury, 22 ans, apprentie en BTS (brevet de technicien supérieur) édition.

Ainsi, reprend Adrien, conseiller d'orientation : « Aujourd'hui, l'orientation est beaucoup moins restrictive qu'autrefois. Parce qu'à tous les niveaux, il est maintenant possible de poursuivre ses études, d'améliorer sa formation. Par exemple, après un BEP (brevet d'études professionnelles), on peut désormais entamer une spécialisation ou, au contraire, élargir le champ de ses compétences. Ce qui permet d'accéder à un niveau professionnel autrefois inespéré. De même, il existe de plus en plus de classes passerelles, de prépas publiques ou privées, de concours permettant à des titulaires d'un BTS ou d'un DUT (diplôme universitaire de technologie) d'entrer dans des écoles de commerce ou d'ingénieurs. »

Il n'y a pas de filière au rabais !

L'orientation, de la classe de sixième jusqu'à l'entrée dans l'enseignement supérieur, apparaît comme le produit d'un ajustement perpétuel entre les aspirations du jeune et ses capacités. Il résulte d'un jeu complexe où se mêlent résultats scolaires, acquis sociaux et décisions à caractère autoritaire. Mais, comme le souligne un rapport du Sénat : « L'orientation est ainsi commandée par une hiérarchisation entre les filières – des filières nobles qui conduisent au baccalauréat général, jusqu'aux filières de relégation – dans un système où les enseignements technologique et surtout professionnel sont considérés par les familles comme une voie d'orientation par défaut, sanctionnant un échec ou l'insuffisance de résultats dans la voie générale. » Et c'est bien là que le bât blesse !

Une question de souffle. « Pour moi, c'est une question de souffle, explique le proviseur d'un lycée technologique parisien. À l'issue de la troisième, si un jeune se sent suffisamment de souffle pour continuer quatre ou cinq années d'études après le bac, je conseille la voie générale. En revanche, s'il peine déjà un peu, la voie technologique peut être une solution car à l'issue de son bac, deux années d'études lui permettront d'obtenir un diplôme professionnel reconnu : un BTS, par exemple. Enfin, un jeune qui s'insère mal dans le système scolaire aura plutôt besoin d'une scolarité par paliers. Pourquoi pas un BEP, puis un bac pro ou une première d'adaptation lui permettant de rejoindre une première technologique ? Une chose est claire, tout le monde ne fera pas Polytechnique, mais il y a des voies de réussite adaptées à chaque élève. »

Des filières adaptées à des profils différents. Même raisonnement pour Martine, professeur de lettres dans un lycée technologique qui n'a d'ailleurs pas hésité à laisser son fils se diriger vers une section de STI (sciences et technologies industrielles). C'est un signe ! « Inutile de se leurrer, ce ne sont bien évidemment pas les meilleurs éléments qui se retrouvent en sections technologiques. Ceux-là vont en S. » Cependant, ce n'est pas une raison pour en déduire que ce sont des sections au rabais. « D'une part, parce que la formation y est de qualité. Je travaille avec autant de sérieux que si j'enseignais dans une section classique ! D'autre part, parce que ces sections offrent des débouchés certains et surtout parce qu'elles permettent à des élèves qui ne pourraient pas suivre en filière classique de trouver là des études adaptées à leur profil. »

SE POSER LES BONNES QUESTIONS

Comme beaucoup de jeunes, peut-être vous estimez-vous mal informé sur les métiers et les différents moyens d'y arriver. Mais au fond, n'êtes-vous pas plutôt trop informé, sans savoir comment relier toutes les données dont vous disposez à votre cas personnel ? En fait, de brochures en revues spécialisées, d'émissions de télé ou de radio en logiciels d'orientation, vous saturez ! Sans compter que votre entourage en rajoute, brouille les pistes par des considérations subjectives à propos du métier d'Untel... Vous ne savez plus où donner de la tête, ni comment utiliser les montagnes de renseignements à votre disposition. Résultat : la confusion s'installe et les questions se pressent mais dans le mauvais ordre !

Vous d'abord !

S'interroger sur tout ce que l'on peut faire avec un bac S est sans conteste intéressant mais pas prioritaire. « Lorsqu'un jeune vient me voir en me questionnant sur les métiers du tourisme sous prétexte qu'il aime voyager, je me dis que ce n'est pas forcément la plus judicieuse des méthodes de recherche », explique la conseillère d'orientation Mireille Henry-Renard.

« À l'heure actuelle, dans la plupart des professions, on est amené à voyager, ou tout du moins à se déplacer. On communique, on utilise une ou plusieurs langues et l'on travaille avec un ordinateur ! Vouloir voyager, communiquer, apprendre, etc., ne sont donc plus des raisons suffisantes pour choisir un métier, pas même un secteur d'activité. Quand on cherche une idée de métier, il faut d'abord déterminer ses centres d'intérêt, puis s'informer sur tous les milieux professionnels dans lesquels on pourrait les développer. C'est une démarche beaucoup moins restrictive et rapide que de se dire : j'aime enseigner, alors je deviens prof. »

On peut très bien être électronicien et former des apprentis. C'est aussi enseigner, mais également vivre de son autre passion : l'électronique ! Démonstration faite : avant de vous interroger sur vos résultats scolaires, vos ambitions en matière d'études, ou les débouchés de tel ou tel secteur d'activité, commencez par vous occuper de vous ! Une fois n'est pas coutume, succombez impunément « au plaisir d'une bonne petite crise de narcissisme ! », recommande Céline, élève de première. « Réfléchir à ses goûts, ses qualités, ses capacités, tout le monde peut le faire ! Après on approfondit, on élimine les idées les plus farfelues, on s'emballe pour autre chose, on trouve un sens à ce que l'on apprend à l'école. Bref, on avance et ça, c'est vraiment motivant ! »

PARTIE 1

PRÉPARER SON ORIENTATION

Dès la classe de troisième, on vous demande d'émettre des vœux pour votre orientation jusqu'en terminale. Mais comment faire ces choix quand on n'a encore aucune idée du métier que l'on souhaite exercer ? Pour vous aider à sortir de ce dilemme, cette première partie vous donne des clés et des conseils.

Elle s'ouvre d'abord sur un test, repris du mensuel *L'Etudiant* de décembre 2000 et élaboré par des professionnels de l'orientation pour vous permettre de découvrir votre profil, votre façon d'aborder les choses. À chaque profil correspondent des activités et des métiers différents. Ce test a été également soumis à des personnalités du monde du spectacle, de la mode ou du sport, qui témoignent de leur métier et des qualités indispensables pour l'exercer.

Cette partie présente ensuite différents outils d'orientation (guides, logiciels, CD-Rom), les personnes qui peuvent vous venir en aide dans votre démarche et les centres de documentation pour vous informer sur les métiers et les formations.

SOMMAIRE

TEST : QUEL EST VOTRE PROFIL ?

Pour vous aider à déterminer votre profil professionnel, nous vous proposons ci-dessous un test paru dans le mensuel *L'Etudiant* de décembre 2000. Ce test s'inspire des travaux de Howard Gardner, professeur à Harvard, selon lequel nous n'avons pas une intelligence, mais au moins sept : une intelligence du langage (« joueur de mots »), une intelligence du corps (« corporel »), une intelligence spatiale (« concepteur »), une intelligence logique (« rationnel »), une intelligence musicale (« musicien »), une intelligence des autres (« communicatif ») et une intelligence de soi (« réfléchi »). Et si l'on jongle de l'une à l'autre, chacun a des dominantes.

Le test proposé ici, auquel sept personnalités se sont aussi prêtées... avec des résultats parfois surprenants, doit vous permettre de déterminer la ou les familles auxquelles vous appartenez, des « joueurs de mots » aux « réfléchis » en passant par les « musiciens », les « rationnels », les « concepteurs », etc. Pour chacune d'elles, vous trouverez quelques-uns des secteurs d'activité et des métiers les plus appropriés. Mais attention ! Ce test n'est qu'un outil parmi d'autres. Il ne remplacera jamais un cheminement personnel ou un tête-à-tête avec un spécialiste de l'orientation. Il ne doit pas vous enfermer sur un (ou plusieurs) métier(s). Car choisir une profession est une chance, sinon une liberté précieuse, qu'il appartient à chacun de préserver et de cultiver.

RÉPONDEZ À SEIZE QUESTIONS

Pour chacune des questions ci-dessous, choisissez de façon spontanée la ou les deux propositions (au plus) qui vous correspond(ent) le mieux, puis faites le décompte de vos cœurs, triangles, croix, etc., et reportez-vous aux résultats à la page 25.

1) Vous avez une heure à perdre. À quoi l'occupez-vous ?

❖ je bricole
★ je me plonge dans un bouquin
◗ je fais mes comptes
✔ je sors pour voir du monde
❤ je médite
▼ je dessine
✖ je joue d'un instrument de musique

2) Durant un trajet en bus ou en métro…

★ je lis le quotidien du jour
▼ je regarde la manière dont les voyageurs sont habillés
❖ je me dis que rien ne vaut la marche à pied
✔ je cherche à entrer en contact avec mon voisin(ne)
✖ je suis scotché à mon walkman
◗ je calcule le temps moyen entre chaque station
❤ j'observe les voyageurs et je cherche à deviner leurs pensées

3) Si vous étiez un lieu, vous seriez…

◗ un laboratoire
❖ un stade
✖ une salle de concert
▼ un atelier
✔ un troquet
❤ une forêt
★ une bibliothèque

4) Mon émission de télé préférée, c'est…

✔ *Culture pub*
★ *Bouillon de culture*
▼ *Arrêt sur images*
✖ *Plus vite que la musique*
❤ *Ça se discute*
◗ *E = M6*
❖ *Envoyé spécial*

5) Si vous étiez un personnage historique, vous aimeriez être…

❤ Sigmund Freud
◗ Albert Einstein
✖ Wolfgang Amadeus Mozart
▼ Léonard de Vinci
★ Albert Camus
❖ Christophe Colomb
✔ Le Mahatma Gandhi

6) Et si vous étiez une femme célèbre, vous aimeriez être…

✖ Sarah Bernhardt
◗ Marie Curie
★ Simone de Beauvoir
❖ Mata Hari
✔ Mère Teresa
❤ Françoise Dolto
▼ Coco Chanel

7) Dans un journal, que regardez-vous en priorité ?

▼ les photos
✔ les pages « people »
❤ les débats de société
★ le billet d'humeur
✖ les pages culture
❖ les reportages
◗ les informations sur les découvertes scientifiques et techniques

8) Enfant, vous adoriez…

★ passer des heures à lire
▼ faire des jeux de construction type Lego
❖ jouer avec de la pâte à modeler
✔ participer à des goûters d'anniversaire
◗ regarder des documentaires
❤ découvrir des endroits secrets, des cachettes, des refuges
✖ chanter

9) Au cinéma, vous êtes sensible…

- ◗ à un scénario bien ficelé
- ❖ à l'action, aux sensations fortes
- ▼ à la beauté des images
- ★ à la force des dialogues
- ✖ à la bande-son, la musique
- ✔ au jeu des acteurs
- ❤ à la psychologie des personnages

10) Comment mémorisez-vous ?

- ✖ en écoutant
- ◗ en étant logique
- ▼ en visualisant
- ❖ en marchant
- ✔ en parlant
- ❤ en me concentrant sur mes impressions
- ★ en lisant et relisant

11) Quelle est l'insulte qui vous vexe le plus ?

- ✖ T'as pas le sens du rythme !
- ❤ Tu te crois le nombril du monde !
- ◗ T'es maniaque !
- ▼ T'as des goûts de chiottes !
- ❖ T'as deux mains gauches !
- ✔ Tu te prends pour Mère Teresa !
- ★ Tes blagues sont ringardes !

12) Que pourrait-on dire de vous ?

- ◗ que je suis cartésien
- ★ que j'ai la tchatche
- ✖ que j'ai de l'oreille
- ▼ que je suis inventif
- ❖ que je suis adroit
- ❤ que je suis réfléchi
- ✔ que je suis serviable

13) Au lycée, quelle est la matière dans laquelle vous excellez particulièrement ?

- ★ la littérature, les langues ou l'histoire
- ✔ les épreuves orales ou exposés, quels qu'ils soient
- ▼ la géométrie ou la géographie
- ✖ la musique
- ◗ les maths, les sciences naturelles ou la physique
- ❖ les travaux manuels ou techniques
- ❤ la philosophie

14) Dans laquelle de ces qualités vous reconnaissez-vous spontanément ?

- ▼ je me repère rapidement dans un lieu inconnu
- ◗ je raisonne facilement dans l'abstrait
- ❤ je ne m'ennuie jamais
- ★ j'ai du vocabulaire
- ✖ j'arrive à distinguer tous les instruments d'un morceau de musique
- ❖ je règle un magnétoscope sans lire le mode d'emploi
- ✔ je lie facilement connaissance

15) Quelle est votre manie ?

- ★ je ne peux pas m'empêcher de faire des jeux de mots
- ▼ j'accorde trop d'importance à l'apparence
- ✔ j'essaie toujours de marchander
- ✖ je sifflote ou fredonne sans cesse
- ❖ j'ai toujours besoin de toucher
- ❤ j'analyse mes rêves
- ◗ je cherche une explication rationnelle à tout

16) Vous arrivez dans une soirée, d'emblée…

- ◗ vous êtes déjà là, c'est vous qui l'organisez
- ❤ vous restez dans votre coin
- ★ vous vous asseyez pour discuter
- ✖ vous remplacez le DJ
- ▼ vous faites le tour du propriétaire
- ❖ vous dansez
- ✔ vous mettez de l'ambiance

Vos résultats

Suivant votre nombre de cœurs, triangles, croix, etc., vous allez pouvoir déterminer votre « famille d'intelligence », mais aussi votre seconde dominante. Vous n'aurez plus ensuite qu'à vous plonger dans les explications des pages suivantes.

- Si vous avez un maximum de ❤, vous êtes « réfléchi », page 25.
- Si vous avez un maximum de ▼, vous êtes « concepteur », page 28.
- Si vous avez un maximum de ★, vous êtes « joueur de mots », page 30.
- Si vous avez un maximum de ✔, vous êtes « communicatif », page 33.
- Si vous avez un maximum de ❖, vous êtes « corporel », page 35.
- Si vous avez un maximum de ◗, vous êtes « rationnel », page 37.
- Si vous avez un maximum de ✖, vous êtes « musicien », page 40.

LE PROFIL RÉFLÉCHI

« Qui suis-je ? » Plus que beaucoup d'autres, cette interrogation fondamentale mérite que l'on s'y attarde. Elle se pose à vous depuis si longtemps que vous commencez à avoir une petite idée sur le sujet. C'est que le profil « réfléchi » ne manque pas une occasion d'analyser ses sentiments et ses expériences, afin d'en dégager le sens, la cohérence… Esprit indépendant, voire d'un naturel solitaire, vous avez une vision du monde souvent originale, en tout cas très personnelle.

Faire fonctionner vos neurones vous rend particulièrement euphorique. Seul face à vous-même, vous n'êtes pas du genre à vous ennuyer : ça bouillonne ! Et en plus c'est efficace, car cela vous permet d'avoir les idées claires et facilite la réalisation des objectifs que vous vous fixez. Vous faites preuve d'une grande détermination dans ce que vous entreprenez. Vous n'êtes donc pas du genre à vous décourager. Vous avez ainsi une capacité à prendre du recul par rapport aux événements et à observer vos semblables de loin, avec pertinence. Et souvent vos intuitions sont justes.

Vos mots-clés

Méditer, se connaître, explorer, être autonome, discerner, manager…

Vos secteurs de prédilection

Si vous optez pour un parcours qui vous plonge dans les profondeurs de la réflexion, vous vous orienterez dans des métiers qui touchent à la psychologie ou à la psychanalyse, à la philosophie ou à la créativité, ou à la recherche scientifique. Si, en revanche, vous mettez votre capacité de réflexion au service d'une entreprise, vous vous orienterez plus volontiers vers des activités de management, dans le privé ou dans l'administration. Et pourquoi pas une carrière dans la politique ?

Si vous êtes aussi…

Si, en plus de « réfléchi », vous appartenez à une deuxième famille, voici les pistes de métiers qui pourraient vous correspondre plus précisément.

… **joueur de mots** : psychologue, psychiatre, philosophe, écrivain, poète, chercheur…

… **rationnel** : directeur administratif et financier, magistrat, inspecteur de police, chef d'entreprise…

… **concepteur** : directeur artistique, réalisateur, architecte d'intérieur, paysagiste…

TÉMOIGNAGE

ÉLIE SEMOUN, « RÉFLÉCHI », TENDANCE « JOUEUR DE MOTS »

Comédien et humoriste, il a joué en 2000 dans les films *Love me* de Laetitia Masson et *Deuxième Vie* de Patrick Braoudé.

« C'est un peu comme l'horoscope votre test. Bon, l'intelligence de soi, ça me plaît bien. Parce que mon métier, c'est observateur professionnel. Or, il ne faut pas se leurrer, l'art de s'intéresser aux gens, c'est d'abord l'art de s'intéresser à soi-même. Autant dire qu'avant d'aller vers les autres, il faut aller faire un tour chez soi. Dans le spectacle, on est tous un peu comme ça. Mais, je vous rassure, comme mégalomaniaque et narcissique, y'a pire que moi ! Nous, les comiques, avec Dieudonné ou Gad Elmaleh, par exemple, on a en commun de savoir voir les gens, les décrypter. Sans nous vanter, je crois qu'on a un regard assez perçant sur les autres. Bon, parfois, on repère des trucs qui font rigoler personne d'autre que nous... "Joueur de mots" ? Ça me va bien aussi. Les mots ont une importance énorme. Avant d'écrire des sketches, j'écrivais des poèmes. Avec tout ça, j'aurais pu être psychiatre ou philosophe. Pas mal ! Heu... sauf que psychiatre, ça me fait un peu flipper. Je préférerais jardinier, c'est plus reposant, non ? »

... **musicien** : auteur-interprète, musicologue, producteur, éditeur musical...

... **corporel** : chirurgien, restaurateur d'art, psychomotricien, responsable de logistique...

... **communicatif** : directeur des ressources humaines, ethnologue, chargé des relations sociales, sexologue...

À priori, le « concepteur » a l'œil… et le bon ! Images, objets, formes et couleurs : votre sensibilité toujours en éveil ne demande qu'à se mettre au service d'une inventivité foisonnante. Vous aimez dessiner et, plus précisément, représenter les objets qui vous entourent. Vous adhérez à ce bon vieil adage selon lequel une bonne image en dit souvent plus qu'un long discours.

Créatif certes, mais pas créateur fou dans le style du professeur Tournesol, vous savez utiliser votre imagination à bon escient. Vous vous servez d'elle pour concevoir et produire des objets ou des constructions qui allient l'esthétisme à l'utilité. Et, pour vous, un objet ne se suffit pas en lui-même, vous n'avez de cesse de chercher à comprendre son fonctionnement. À ce propos d'ailleurs, vous êtes passionné par les nouvelles technologies. Et, bien sûr, vous n'êtes pas indifférent aux tendances de la mode, car vous ne considérez pas l'apparence comme un détail superflu. La forme est pour vous indissociable du fond.

Vos mots-clés

Concevoir, créer, imaginer, mettre au point, inventer, illustrer, décorer…

Vos secteurs de prédilection

L'ingénierie, le design, les industries graphiques, l'architecture, l'urbanisme, l'audiovisuel, la photographie, le cinéma… voilà quelques-uns des nombreux secteurs vers lesquels vous pourrez vous orienter si vous êtes « concepteur ».

Mais on peut distinguer différents pôles d'intérêt auxquels correspondent divers métiers. Si, pour vous, concevoir signifie mettre au point, regardez du côté des ingénieurs et techniciens. Si c'est représenter, le graphisme et les métiers liés à l'image

TÉMOIGNAGE

Isabel Marant, « conceptrice », tendance « introspective »

Styliste de mode, elle a créé sa propre ligne de vêtements.

« Être styliste, cela demande de la créativité et de la culture. Mais surtout, les vêtements que je conçois doivent être réalistes et portables. En ce sens, si je suis une conceptrice, je n'ai rien du créateur fou. Pour moi, la mode correspond à quelque chose qui n'est pas gratuit. Dans mon métier, j'accorde une grande importance aux images, aux formes et à l'environnement esthétique. Je suis d'ailleurs plus touchée par le concret que par l'abstrait. Je ne suis pas intellectuelle, mais plutôt pragmatique. En ce sens, oui, j'aurais très bien pu travailler dans la décoration ou dans l'urbanisme. Vous me dites que je suis peu communicative ? Sans doute. J'ai du mal à parler de mon métier et de mon travail. Parfois, par exemple, j'ai une idée de création en tête mais je n'arrive pas à la communiquer à mes assistants. Peu musicale ? Oui, je sais. Je n'ai pas d'oreille. Et, pourtant, j'aurais adoré être musicienne, ou avoir une activité dans la cuisine ou le jardinage. Car ce sont des métiers où l'on travaille sur la matière et le corps. »

sont plus indiqués. Vous préférerez l'architecture, la déco, l'artisanat… si vous souhaitez travailler sur les volumes et les formes et tous les métiers de l'urbanisme à la mise en scène, si vous rêvez d'aménager l'espace.

Si vous êtes aussi…

Si, en plus de « concepteur », vous appartenez à une deuxième famille, voici les pistes de métiers qui pourraient vous correspondre plus précisément.

… **joueur de mots** : webmaster, publicitaire, iconographe, responsable événementiel…

… **rationnel** : ingénieur de projet dans l'industrie, responsable de recherche et développement, Netsurfer, géomètre-topographe, architecte en systèmes d'information…

… **musicien** : ingénieur du son, acousticien, compositeur de bandes originales, chef de projet multimédia…

… **corporel** : maquettiste, graphiste, architecte, designer, dessinateur industriel, décorateur d'intérieur, archéologue, chef cuisinier…

… **communicatif** : ingénieur commercial, infographiste, chef de produit marketing, responsable des ventes, photographe, illustrateur, voyagiste…

… **réfléchi** : réalisateur, urbaniste, décorateur, styliste, chef de projet multimédia, paysagiste…

LE PROFIL JOUEUR DE MOTS

Le langage n'a pas de secret pour vous, si vous avez le profil du « joueur de mots ». Vous ne considérez pas forcément la lecture ni l'écriture comme un art, mais plutôt comme un sport où l'on progresse à force d'entraînement. En la matière, non seulement vous maîtrisez un vocabulaire riche, mais vous savez jouer de ses nuances pour exprimer votre pensée, à l'écrit comme à l'oral. Les mots étant votre mode de communication privilégié, vous n'éprouvez aucune peine à retenir une multitude d'informations. Vous aimez d'ailleurs collecter ces informations concernant des sujets ou des personnalités qui vous passionnent.

Doué d'un bon esprit de synthèse, vous n'êtes pas vraiment du genre tête en l'air et vous êtes aussi capable d'effectuer un travail

TÉMOIGNAGE

Tonino Benacquista, « joueur de mots », tendance « concepteur »

Cet écrivain-scénariste est également auteur de la BD *La Boîte noire*, parue aux éditions Futuropolis (Gallimard).

« Certes, il faut avoir l'intelligence du langage pour être écrivain. Mais au-delà de l'écriture, je suis quelqu'un de l'image. Parce que je fais partie d'une génération, et c'est encore plus vrai pour les plus jeunes, où tout commence avec l'image. L'envie de raconter des histoires m'est venue par le cinéma et la télévision. C'est dans ce sens que l'idée d'être aussi "concepteur" me plaît, surtout s'il est question d'imaginaire. Je ne crois pas que j'aurais pu faire un autre métier que celui d'auteur... Notamment un métier en entreprise. Parce que ce qui me gêne dans l'entreprise, c'est... l'entreprise justement. J'ai trop besoin d'indépendance, de ne pas être soumis à une pression. C'est un privilège de pouvoir faire l'économie de son temps. Je fabrique à mon rythme. Pour quoi ? Pour être lu évidemment. J'écris pour plaire, mais aussi pour ne pas apparaître, pour ne pas avoir à parler. Par exemple, il m'est difficile de négocier avec quelqu'un, d'être dans le réel. Je préfère m'accommoder avec un monde de fiction. »

d'enquête sérieux et approfondi : trouver les sources, recouper les infos, analyser les discours et, enfin, rédiger. Un jeu qui vous amuse, surtout quand il débouche sur des résultats inattendus. Pour finir, vous êtes plutôt du genre à partager vos découvertes, à débattre, allant jusqu'à entraîner les autres dans vos passions.

Vos mots-clés

Raconter, écrire, informer, enquêter, traduire, enseigner, débattre...

Vos secteurs de prédilection

Le « joueur de mots » trouvera sa voie dans des secteurs très diversifiés selon que son habileté s'articule plutôt autour de la faculté d'enquêter, de rédiger, d'organiser et de classer, ou de diffuser l'information. Ainsi, ceux qui privilégient l'enquête viseront plutôt les métiers du journalisme, de la recherche, sinon de la justice, voire de la police. Les passionnés d'écriture s'orienteront par exemple vers l'édition et la culture, tandis que ceux qui apprécient plutôt la sélection trouveront leur voie dans la documentation. Enfin, si vous êtes tenté par la diffusion de l'information, dirigez-vous vers la presse, les relations publiques ou l'enseignement.

Si vous êtes aussi...

Si, en plus de « joueur de mots », vous appartenez à une deuxième famille, voici les pistes de métiers qui pourraient vous correspondre plus précisément.

... **rationnel** : documentaliste, bibliothécaire, directeur de collection dans l'édition, libraire, traducteur, scripte...

... **concepteur** : metteur en scène, concepteur-rédacteur pub, auteur-scénariste multimédia, scénariste, commissaire-priseur...

... **musicien** : auteur-compositeur, critique ou éditeur musical, journaliste radio...

... **corporel** : comédien, grand reporter, journaliste sportif...

... **communicatif** : avocat, prof de lettres ou d'histoire, conservateur de musée, chargé de communication, interprète...

... **réfléchi** : éditeur, écrivain, commissaire de police, chercheur en sciences humaines, juge d'instruction, journaliste-rédacteur.

LE PROFIL COMMUNICATIF

Communiquer, voilà un verbe que vous conjuguez à toutes les sauces. Vous avez le don du contact et vous allez facilement vers les autres. C'est avant tout dans les relations que vous entretenez avec votre entourage que vous exprimez votre personnalité. Vous ne sauriez vivre en ermite. Échanger, c'est-à-dire donner et recevoir, est chez vous une nécessité absolue.

Et justement, ceci explique cela : vous vous exprimez avec aisance. L'idée de prendre la parole devant un auditoire ne vous fait pas frémir. Au contraire. Selon votre capacité d'écoute, vous aurez tendance à rassurer ou à étourdir vos interlocuteurs. Mais, dans tous les cas, votre éloquence laisse rarement les autres indifférents. Avec un petit côté caméléon, vous avez également le don de vous adresser à des interlocuteurs très différents. Vous pourriez aussi bien tirer parti de votre intelligence pour négocier et persuader que pour jouer un rôle de médiateur.

Vos mots-clés

Communiquer, persuader, animer, vendre, négocier, motiver…

Vos secteurs de prédilection

Tous les métiers ou presque sont ouverts au « communicatif ». Encore faut-il distinguer les différentes tendances liées à ce profil. Si, pour vous, communiquer rime avec dialoguer, regardez vers les métiers de l'enseignement, de la recherche en sciences sociales, de la diplomatie, des ressources humaines… S'il est plutôt question de conseiller et d'aider, vous pourriez opter pour les professions médicales ou paramédicales, le social… À moins que communiquer ne signifie d'abord convaincre. Vous seriez alors plutôt fait pour les relations publiques, le commerce, la négociation… Enfin, si communiquer, c'est avant tout distraire, voyez les métiers de la publicité, du tourisme, de l'hôtellerie…

TÉMOIGNAGE

Anne Depétrini, « communicative », tendance « réfléchie »

Avec Philippe Gildas, elle anime l'émission *Un Autre Journal* sur Canal +.

« Je n'ai jamais réfléchi au métier que je voulais faire. Le bac, la prépa et une école commerciale, j'ai suivi une voie sans m'interroger. J'aurais pu devenir responsable marketing dans une entreprise. Mais il m'aurait manqué une dose de "n'importe quoi". Réfléchie ? Oui, ça me correspond bien. Mais alors plutôt vers les autres. J'adore fouiller la psychologie des gens. Communicative ? Bien sûr. Il vaut mieux avoir cette qualité pour faire de la télé. Mais je ne suis pas dupe : longtemps, j'ai eu l'impression que ceux qui savaient parler et se vendre avaient la primeur, qu'ils pourraient toujours s'en sortir. Or, contrairement à l'image que je donne à la télé, je suis plutôt timide. C'est même parfois une vraie douleur. Parfois, je me dis "qu'est-ce que tu fous là alors que tu pourrais être tranquillement dans un bureau ?" C'est toute l'ambiguïté de la télé. C'est bizarre. À la fois, on montre sa tête parce qu'on a envie d'être connue, et, en même temps, on voudrait se faire toute petite. À un moment, j'aurais aimé être médecin, mais je crois que je me serais trop impliquée. Et puis, je manque de rationalité. »

Si vous êtes aussi…

Si, en plus de « communicatif », vous appartenez à une deuxième famille, voici les pistes de métiers qui pourraient vous correspondre plus précisément.

… joueur de mots : attaché de presse, animateur socio-culturel, chef de pub, agent littéraire, médiateur culturel, conférencier…

… **rationnel** : pédiatre, administrateur d'opération humanitaire, éducateur spécialisé, gérant de restaurant, responsable marketing, consultant en organisation, acheteur…

… **concepteur** : chargé de communication événementielle, concepteur multimédia, ingénieur technico-commercial…

… **musicien** : professeur de musique, musicothérapeute, agent artistique…

… **corporel** : animateur de centres aérés, représentant, steward ou hôtesse de l'air, infirmier, guide nature…

… **réfléchi** : médecin généraliste, responsable commercial, responsable service client, chef de rayon, animateur télé…

LE PROFIL CORPOREL

Bricoleur et sportif, tels sont les deux principaux qualificatifs qui vous collent à la peau. Car, justement, pour le « corporel », il est question d'intelligence du corps. Le toucher est le sens qui vous est le plus familier. Il vous sert d'une part pour appréhender le monde qui vous entoure, d'autre part pour créer et façonner.

Votre dextérité s'exprime à travers l'action que vous exercez autant sur votre corps (vous pratiquez un sport, ou plusieurs, et vous appréciez en particulier les activités au plein air) que sur la matière : vous modelez, sculptez, montez, démontez, bricolez…

Pour toutes ces activités, vous avez une bonne connaissance des lois mécaniques. Cela vous permet d'agir efficacement sur des systèmes complexes. Généralement, vous avez bien les pieds sur terre et vous cultivez le sens du concret. Vous n'êtes pas vraiment du genre doux rêveur. Ce qui ne vous empêche pas, bien au contraire, de vivre en harmonie avec la nature. Vous aimeriez d'ailleurs travailler en plein air. Et la plupart du temps,

TÉMOIGNAGE

FRÉDÉRIC DEMONTFAUCON, « RÉFLÉCHI », TENDANCES « CORPOREL » ET « RATIONNEL »

Ce judoka est revenu avec une médaille de bronze des JO de Sydney.

« Bien comprendre les réactions de son corps, c'est la base du travail de judoka. C'est pourquoi l'introspection me semble nécessaire dans la compétition. En sport individuel, on nous dit souvent qu'il faut savoir être égoïste. Cela veut dire faire abstraction des autres. Face à un adversaire dont on ne connaît que la technique et dont il faut anticiper les mouvements, l'important est d'être totalement concentré. Tout au long d'une compétition, je gère cette mise à l'écart. Je ne vois personne, je ne parle pas avec les autres, même pas à ma famille et à mes proches. C'est indispensable pour la concentration. D'autres auront tendance à déconner. Moi, c'est le contraire. D'ailleurs, je suis assez peu communicatif. Rationnel ? Oui, je dirais même cartésien. Je ne crois qu'en ce qui est vérifié. J'ai d'ailleurs fait des études scientifiques et je poursuis, en parallèle à la compétition, des études de kinésithérapeute. Dans tous les cas, je n'aurais pas pu faire un métier qui n'ait pas un rapport avec une activité physique. »

vous avez besoin de vous dépenser, voire de vous surpasser. Vous avez le goût de l'effort sinon celui du risque.

Vos mots-clés

Fabriquer, assembler, installer, bouger, se dépenser, se dépasser…

Vos secteurs de prédilection

Diverses tendances se dessinent chez les « corporels ». Les uns mettront leur habileté au service du corps, qu'il s'agisse des professions médicales (infirmier, kinésithérapeute…) ou sportives (entraîneur à la compétition de haut niveau…). Certains privilégieront les activités liées aux métiers de l'environnement, de l'animation ou de l'action (sécurité, police…). D'autres opteront pour les métiers de l'artisanat d'art et de la construction, ou de la vente.

Si vous êtes aussi…

Si, en plus de « corporel », vous appartenez à une deuxième famille, voici les pistes de métiers qui pourraient vous correspondre plus précisément.

… **joueur de mots** : comédien, guide touristique, journaliste sportif…

… **rationnel** : ingénieur agronome, chef de produit, responsable logistique, kinésithérapeute, conducteur de travaux, préparateur en pharmacie, responsable de sécurité…

… **concepteur** : ingénieur travaux, costumier, scénographe, artisan, professeur d'arts plastiques…

… **musicien** : régisseur son, luthier, technicien multimédia…

… **communicatif** : professeur d'éducation physique, moniteur de sports, animateur, auxiliaire de puériculture, infirmier…

… **réfléchi** : responsable logistique et transport, sportif professionnel, entraîneur sportif, chef de chantier, conducteur de travaux…

LE PROFIL RATIONNEL

En un mot, mais on vous l'a sans doute déjà dit : vous avez la tête bien faite. Esprit de déduction, rigueur et méthode sont les termes qui caractérisent le mieux votre mode de pensée. Vous aimez observer et analyser. Vous jonglez avec les idées et les symboles comme un saltimbanque avec ses balles. Les mathématiques, par exemple, sont pour vous à prendre comme un jeu, et en informatique vous n'êtes pas du genre à confondre une souris et un mulot.

Vous aimez exercer votre intelligence dans l'abstrait, mais sans pour autant perdre pied et vous couper de la réalité. Vous avez aussi le sens du concret et notamment celui de l'organisation. Curieux, vous vous montrez également soucieux de comprendre le monde qui vous entoure. Chez le « rationnel », l'investigation est déductive, c'est-à-dire qu'elle procède par étapes. Partant d'un postulat de base, vous émettez des hypothèses que vous vérifiez une par une, avant de les valider. Ces qualités se doublent souvent d'une faculté de distanciation qui vous permet d'avoir une vision globale du monde et une bonne capacité d'anticipation.

Vos mots-clés

Raisonner, analyser, enquêter, calculer, compter, organiser, gérer…

Vos secteurs de prédilection

Trois pôles d'intérêt peuvent être distingués selon que votre rationalité s'exerce plutôt dans l'investigation, dans le calcul ou dans l'organisation. Si vous penchez du côté de l'investigation, optez pour la recherche et le développement, quelle que soit la discipline scientifique qui vous attire, aussi bien en entreprise que dans le public.

Les passionnés de chiffres s'orienteront vers le secteur bancaire et financier, les statistiques ou la comptabilité, voire l'informatique. Enfin, le « rationnel » porté sur l'organisation et la gestion préférera la vente, le marketing, la gestion et l'administration.

TÉMOIGNAGE

ORIANNE GARCIA, « RATIONNELLE », TENDANCE « CONCEPTRICE »

La fondatrice de caramail.com présente l'émission *3x+net* sur France 3.

« J'ai toujours besoin de savoir le pourquoi du comment, alors rationnelle, cela ne m'étonne pas. C'est une qualité importante pour gérer une société. Il faut de la rigueur. J'ai même un côté maniaque, à ne rien laisser passer. Je lis et relis scrupuleusement chaque ligne des documents que je signe. J'examine tout dans les détails, jusqu'à la moindre faute d'orthographe. Conceptrice ? Oui, dans le sens de créativité. C'est ce qui est fabuleux avec la nouvelle économie. Tout le monde peut monter une boîte, sans diplôme, sans relations, juste avec une bonne idée. Je me suis lancée sur l'Internet à une époque où personne ne nous prenait au sérieux, où tout le monde disait que ce n'était qu'un effet de mode. Là, le plus important a été de faire preuve d'une bonne dose de conviction. D'ailleurs, je préfère convaincre que vendre. Je ne suis pas trop "communicative" d'après le test ? Pourtant, j'ai une activité d'animatrice à France 3 dans une émission sur le Net ! Bon, c'est vrai, même si j'ai l'habitude de parler en public, c'est un boulot qui ne s'improvise pas. Heureusement, l'équipe qui réalise cette émission m'a laissé le temps de progresser... »

Si vous êtes aussi...

Si, en plus de « rationnel », vous appartenez à une deuxième famille, voici les pistes de métiers qui pourraient vous correspondre plus précisément.

... joueur de mots : économiste, journaliste scientifique, cogniticien, éditeur multimédia, libraire, analyste financier, statisticien, démographe, secrétaire de direction...

... **concepteur** : ingénieur en informatique, contrôleur aérien, pilote de ligne, ergonome, concepteur de jeux vidéo, biologiste...

... **musicien** : arrangeur, créateur d'identités sonores, ingénieur du son...

... **corporel** : géologue, physicien, chimiste, vétérinaire, ingénieur agronome, responsable sécurité...

... **communicatif** : médiaplanneur, diététicien, logisticien dans l'humanitaire, puéricultrice, pédiatre, responsable des ventes, directeur d'hypermarché, pharmacien...

... **réfléchi** : directeur administratif, directeur du marketing, trader, responsable export, contrôleur financier, agent immobilier, expert-comptable...

LE PROFIL MUSICIEN

Voici le profil d'un oiseau rare. Rare, car on n'est pas musicien par hasard. Et, en même temps, l'intelligence musicale se situe au croisement de toutes les formes d'habileté. Car, si la musique adoucit sans aucun doute les mœurs, elle stimule avant tout notre cerveau. « Musicien », vous êtes à la fois doué d'une excellente mémoire, d'une imagination débordante et d'une créativité fructueuse.

Aussi, non content d'avoir de l'oreille, vous êtes capable de jouer de tous vos sens, qu'il s'agisse du rapport à la matière avec l'objet dont vous tirez des sons harmonieux, d'une capacité d'abstraction pour comprendre les rythmes et les notes qui s'enchaînent, ou d'une intelligence des autres pour transmettre une émotion. Sans compter que le musicien est capable d'introspection et de questionnement sur soi, et qu'il sait faire preuve d'une grande concentration.

TÉMOIGNAGE

PASSI, « MUSICIEN », TENDANCE « RATIONNEL »

Fondateur du groupe Ministère Amer, le rappeur a sorti à l'automne 2000 son deuxième album solo, *Genèse* (V2 Music).

« Musicien et rationnel ? Ce sont les qualités que j'essaie d'avoir dans mon métier. Cela ne veut pas dire que je fais passer la création en second, mais j'aime gérer les gens, organiser les choses, etc. Je produis d'autres groupes, et j'adore ça. J'estime avoir plus d'expérience qu'eux, je n'ai pas peur de prendre des risques. Je mets la main à la pâte. J'aime aussi travailler en équipe, car je trouve qu'il en ressort toujours des idées. En studio, j'ai un côté technicien. J'ai un ingénieur du son pour m'aider, mais je ne me contente pas de lui lancer des ordres du fond de mon fauteuil. Je lui donne un vrai coup de main. J'adore mélanger les instruments : j'ai surnommé mon studio "le laboratoire". Si je n'avais pas été musicien, j'aurais sans doute été publicitaire : après des études d'agronomie, j'ai passé un BTS en action commerciale. De la tchatche du commercial, je suis passé à celle du rappeur ! Je trouve que les phrases-chocs sont importantes. Il y a tant de groupes sans talent qui marchent avec l'aide du marketing. Pourquoi ne pas se servir de la pub pour vendre ceux qui ont des qualités ? »

Et s'il était encore nécessaire d'en rajouter, on pourrait aussi dire que vous aimez partager vos émotions et que vous témoignez d'une grande sensibilité, parfois à fleur de peau…

Vos mots-clés

Écouter, jouer, reconnaître, se concentrer, composer, créer, transmettre…

Vos secteurs de prédilection

Sans surprise, les « musiciens » s'orienteront vers les domaines artistiques (ou non) qui entretiennent un rapport à la musique ou aux ambiances sonores. Encore convient-il de distinguer, d'un côté ceux qui se porteront vers la création, l'invention et l'imagination, d'un autre ceux qui s'inscriront dans l'interprétation, l'exécution et, enfin, dernière catégorie, ceux qui privilégieront les fonctions de transmission et de direction. Les premiers choisiront plus volontiers une carrière de musicien ou de technicien. Les autres pourront puiser dans leur talent matière à exercer des activités dans l'animation.

Si vous êtes aussi...

Si, en plus de « musicien », vous appartenez à une deuxième famille, voici les pistes de métiers qui pourraient vous correspondre plus précisément.

... **joueur de mots** : auteur-compositeur, critique ou éditeur musical, directeur artistique...

... **rationnel** : orthophoniste, responsable d'archives sonores, administrateur d'institution culturelle, arrangeur...

... **concepteur** : ingénieur du son, acousticien, mixeur...

... **corporel** : régisseur du son, accordeur, instrumentiste, bruiteur, animateur socio-culturel, technicien du spectacle...

... **communicatif** : animateur radio ou télé, professeur de musique, responsable produit musique...

... **réfléchi** : chef d'orchestre, chanteur, producteur, musicologue...

S'INFORMER EFFICACEMENT

« J'ai gagné beaucoup de temps parce que j'ai compris très vite que personne ne nous doit rien et qu'il faut exister par soi-même. »
Henri Verneuil, cinéaste

Le test des pages précédentes vous a peut-être aidé à y voir plus clair sur votre personnalité et sur les métiers qui vous conviendraient. Mais si vous voulez confirmer, vérifier, compléter ces résultats, vous pouvez encore consulter des logiciels d'aide à l'orientation. Nous vous en présentons dans ce chapitre une douzaine en précisant, pour chacun, la cible, l'objectif et le contenu. Si vous avez besoin d'être accompagné dans votre démarche, vous pouvez également demander à rencontrer un conseiller d'orientation-psychologue et à effectuer un bilan d'orientation.

Une fois que vous aurez une idée plus précise de ce qui vous plaît ou vous rebute, il vous faudra encore compléter votre information en vous documentant sur les métiers et les formations, en interrogeant des professionnels, en multipliant les jobs et les stages… Ce chapitre vous fournit pistes et conseils.

LES LOGICIELS D'AIDE À L'ORIENTATION

Certains logiciels ont pour seul objectif la connaissance de sa personnalité, de ses goûts, de ses aptitudes… D'autres mettent en lien questionnaire d'intérêt et base de données sur les métiers ; une fois que vous avez mis au jour votre profil, vous avez ainsi accès directement aux fiches descriptives des métiers qui y correspondent. D'autres encore présentent les filières de formation…

CONSEILS

Des logiciels à prendre avec précaution

Lorsqu'un jeune arrive au CIO (centre d'information et d'orientation) et nous demande de consulter un logiciel, par exemple, nous refusons de le mettre directement devant l'écran d'ordinateur, explique Sylvain, conseiller d'orientation-psychologue. On lui donne d'abord un rendez-vous, on lui fait passer un entretien, on essaie de se fixer un certain nombre d'objectifs et de lui faire comprendre qu'aucun test ne permet de dire : "Tu es fait pour être ingénieur", ou "Toi, tu n'es fait pour rien du tout !" Ce sont des outils qui doivent servir à accompagner une réflexion personnelle.

« En gros, on trouve d'ailleurs deux cas de figure. Ou bien les résultats qui sortent de la machine vont dans le sens de ce que pensait l'élève et tant mieux, cela peut le conforter, le rassurer et donc le stimuler. Ou bien, au contraire, les résultats obtenus vont à l'encontre de ce à quoi il s'attendait. Là, ça devient vraiment intéressant, mais à condition d'avoir un partenaire pour expliquer, commenter ces résultats, essayer de comprendre le pourquoi du comment et trouver les solutions les mieux adaptées à sa personnalité. C'est pour cette raison qu'il vaut mieux utiliser ces outils dans un CIO, auprès de conseillers d'orientation avertis. »

Une sélection commentée. Pour vous aider à vous y retrouver, Georgina Tiercelin, du CIO Médiacom à Paris, s'est appliquée à vous détailler les logiciels les plus fréquemment utilisés dans les CIO (centres d'information et d'orientation). Mais attention, chaque CIO ne dispose pas de tous les logiciels d'orientation. Généralement, les logiciels d'information sont en libre accès alors que les questionnaires d'intérêts peuvent être proposés par le conseiller d'orientation après un entretien. La sélection ci-dessous est présentée par ordre alphabétique.

Dans tous les cas, sachez rester critique face aux **tests**. Dites-vous que les résultats obtenus ne sont qu'un élément parmi d'autres informations sur vous-même. Ils doivent vous permettre de relancer votre réflexion, vous donner envie d'approfondir vos recherches.

TESTS
Pour être réellement efficace, un test doit comporter un grand nombre de questions.

Atlas de la formation initiale en France

• Cible : tout public. Atlas en libre accès.

• Objectif : vous informer sur les formations et les établissements depuis le collège jusqu'à l'enseignement supérieur.

• Contenu : un véritable « atlas » des formations. Vous y trouverez, pour chaque formation proposée, la localisation de tous les établissements sur des cartes (de la France, par académies, par départements) ; un organigramme présentant les principaux itinéraires de formation. Des fiches descriptives donnent des informations sur les diplômes et sur le contenu des formations.

Composez votre bac

• Cible : les lycéens. En libre consultation dans les établissements.

• Objectif : vous informer sur les différentes filières.

• Contenu : vous pourrez obtenir des éclaircissements sur les coefficients et les modalités des différentes épreuves des bacs, visualiser les horaires de première et de terminale, tester vos connaissances des coefficients du bac par des jeux interactifs et, enfin, simuler vos résultats au bac en faisant varier le profil des notes dans chacune des épreuves. Une sorte de « bac blanc virtuel » qui peut vous aider dans votre stratégie scolaire. Par exemple, si vous êtes en première, les résultats obtenus peuvent vous inciter à vous mobiliser pour l'étude de matières que vous aviez jusque-là négligées. Si vous êtes en seconde, vous trouverez des éléments pour le choix de tel ou tel bac.

Expertaupe

• Cible : les élèves de terminale. Consultation accompagnée par un conseiller d'orientation.

• Objectif : aider les élèves de terminale, candidats aux classes préparatoires scientifiques et commerciales, à choisir leur établissement.
• Contenu : réalisé à partir d'entretiens de chefs d'établissement et d'enseignants en classe préparatoire, puis sur la base de dossiers scolaires réels d'élèves ayant été sélectionnés dans une classe préparatoire parisienne ou de banlieue, ce logiciel vous permettra de tester vos probabilités d'intégration dans tel ou tel lycée.

Les fiches-métiers de l'ONISEP

• Cible : les collégiens et lycéens.
• Objectif : vous informer sur les métiers.
• Contenu : ces fiches sont accessibles, en libre consultation dans les établissements scolaires, par secteurs d'activité, par centres d'intérêt ou par ordre alphabétique. À chaque métier correspondent des informations, présentées sous plusieurs rubriques (activités, conditions de travail, qualités requises, formation, etc.). Un module permet de comparer deux métiers. Le module « centre d'intérêt du métier » vous apportera, en plus de l'information sur le métier lui-même, une aide à la réflexion sur vos choix. Vous pourrez notamment comparer vos centres d'intérêt à ceux du métier envisagé et dans un deuxième temps, découvrir d'autres métiers qui répondent à ces mêmes centres d'intérêt.

GPO (Guide pour l'orientation)

• Cible : les collégiens. Il existe aussi une nouvelle version pour les lycéens.
• Objectif : éducation à l'orientation par la connaissance des métiers, des formations et de soi.
• Contenu : les deux parties, « métiers » et « formations », comportent chacune cinq modules. L'information se présente sous forme de jeux (organigramme à remplir, parcours de formation à reconstituer, etc.). Une troisième partie, « moi » vous permet une réflexion sur vos centres d'intérêt. Ce logiciel favorise une démarche dynamique. En naviguant entre les différents

modules, vous apprendrez comment intégrer les différents critères qui influencent la construction d'un projet d'orientation. Ce guide est en libre consultation dans les établissements.

IMADU (Inventaire métiers pour adolescents)

• Cible : les élèves de troisième et de seconde en priorité, mais peut aussi convenir à tous les adolescents entre 14 et 18 ans. Son utilisation nécessite l'aide d'un conseiller d'orientation-psychologue.

• Objectif : définir vos centres d'intérêt professionnels à partir d'un questionnaire sur les métiers.

• Contenu : il s'agit de classer dix séries de quatorze métiers, regroupés dans différentes catégories d'intérêt (relationnel, scientifique, etc.).

Inforizon

• Cible : les collégiens, les lycéens et les jeunes adultes en insertion professionnelle.

• Objectif : découvrir le monde des professions à partir de ses intérêts professionnels.

• Contenu : plus de 900 fiches métiers peuvent être consultées soit directement par l'entrée alphabétique, soit par l'intermédiaire de leur regroupement en 12 familles. Le module « Quels métiers pour moi ? » permet un accès personnalisé à partir des réponses à deux questionnaires d'intérêts professionnels.

Itinéraire pour un métier

• Cible : les collégiens et lycéens.

• Objectif : c'est un outil d'information sur les professions, en libre consultation dans les établissements, réalisé à partir d'études sur la représentation que les jeunes se font de tel ou tel métier.

• Contenu : le logiciel vous propose de choisir un métier, puis une rubrique parmi les cinq proposées (activité, conditions de travail, qualités requises, formation, accès à l'emploi). Un questionnaire apparaît alors, qui vous permet d'évaluer vos connaissances par rapport à la rubrique choisie. Puis, à partir d'écrans d'information générale, des mots-clés, indiqués en jaune, vous

PRATIQUE

Choisir trois verbes

Dans la deuxième partie de ce guide, les métiers ont été classés en fonction des aptitudes qu'ils requièrent en quatorze chapitres. Sélectionnez, parmi les quatorze verbes ci-dessous, les trois qui vous attirent le plus et vous semblent compatibles avec le profil que vous avez mis en évidence dans le test proposé au début de ce guide. Vous pourrez alors vous reporter à la partie suivante et voir à quelles professions correspond le type d'action retenu.

La liste des métiers que nous vous proposons est loin d'être complète, mais elle vous permettra peut-être de découvrir des métiers auxquels vous n'auriez pas pensé ou, au contraire, de renoncer à une profession dont vous vous faisiez une idée fausse.

- Administrer
- Aider
- Apprendre
- Chercher
- Contrôler
- Créer
- Divertir
- Produire
- Préserver
- Protéger
- Satisfaire
- Soigner
- Transporter
- Vendre

font accéder à une information complémentaire. Si, durant le questionnaire, vous commettez des erreurs, les mots-clés sont alors indiqués en rouge et la consultation des écrans devient obligatoire ! Juste histoire de remettre les pendules à l'heure ! Ce logiciel vous permet d'obtenir des informations concernant une multitude de métiers dans des secteurs aussi variés que l'agroalimentaire, la santé, le transport…

Le LIMEF (Liste des métiers de France)

• Cible : les adolescents à partir de 15 ans et les adultes.

• Objectif : ce logiciel d'aide à la connaissance de soi permet de définir et d'analyser les intérêts et préférences professionnelles.
• Contenu : il s'agit d'indiquer pour chacun des 72 métiers présentés son degré d'attirance. Un second inventaire constitué des métiers qui n'ont pas été rejetés dans le premier questionnaire permet ensuite de répondre à la question « Pensez-vous avoir un jour les compétences pour faire ce métier ? ». Puis, les résultats sont analysés et restituent les intérêts professionnels, les compétences professionnelles afin d'établir une liste de métiers.

Parade

• Cible : les collégiens et lycéens, avec l'aide d'un conseiller d'orientation-psychologue.
• Objectif : apprendre à mieux vous connaître avant d'entreprendre une recherche d'informations sur votre orientation.
• Contenu : ce logiciel est établi suivant trois modules indépendants. D'abord un questionnaire « exploration de la personnalité professionnelle », puis un module « exploration des valeurs professionnelles », c'est-à-dire ce que l'on attend d'un métier. Par exemple, le contact avec autrui, l'autorité, la sécurité, etc. Les valeurs obtenues sont classées par ordre de préférence. Enfin, le module « exploration d'activités recherchées » vous permet de classer les activités professionnelles que vous préférez (par exemple, vendre, enseigner, etc.). Les activités que vous définirez comme intéressantes ou assez intéressantes permettront de cibler vos goûts. On vous proposera alors de mieux vous informer sur plusieurs métiers intégrant ces préférences préalablement définies.

Pass'avenir 2000-2001

• Cible : tous les publics à partir de la quatrième. Ce logiciel semble particulièrement bien adapté aux élèves de première et de terminale ainsi qu'aux étudiants du premier cycle universitaire. On peut l'utiliser de deux façons différentes. En libre consultation pour les programmes « fiches métiers » et « comparaison ». Avec l'aide d'un conseiller d'orientation pour les programmes « exploration » et « métiers voisins ».

• Objectif : ce logiciel est un outil d'aide à la connaissance des métiers et d'aide à l'orientation professionnelle.
• Contenu : le système Choix est une base de données composée de 900 professions décrites selon 14 thèmes. Par exemple : intérêts, salaires, personnalités, secteurs d'activité, etc. Quatre « programmes » (ou « routes ») donnent accès à cette base de données, ce sont :
– la route « fiches métiers » permet de consulter des descriptions de professions ;
– la route « comparaison » permet de comparer deux professions à travers 14 thèmes différents ;
– la route « exploration » permet de découvrir tous les métiers de la base de données qui correspondent à votre profil. Plus vous introduirez de critères et plus la liste de professions proposée sera réduite ! Si vous souhaitez alors modifier cette liste, vous pourrez « dialoguer » avec le système en faisant varier le choix de vos critères et vous apprendrez ainsi à hiérarchiser vos choix professionnels ;
– la route « métiers voisins » suggère, à partir du profil d'une profession sélectionnée, d'autres métiers un peu similaires.

Le QIL (Questionnaire d'intérêts loisirs)

• Cible : les élèves de quatrième, troisième et les lycéens.
• Objectif : évaluer les intérêts et la personnalité à partir des activités de loisirs.
• Contenu : l'inventaire des intérêts de loisirs comprend 200 séries de 9 énoncés portant sur les goûts des jeunes. Ils sont regroupés en trois domaines : évaluation du dynamisme et de la disponibilité pour l'action physique ; établissement de variables générales de la personnalité en faisant ressortir des intérêts concrets, littéraires et culturels.

QMFI (Questionnaire de motivation pour situation de formation informatisée)

• Cible : les élèves de quatrième et les étudiants de niveau bac+2. Un test à faire avec un conseiller d'orientation-psychologue.
• Objectif : questionnaire sur la motivation à la réussite.

L'ÉDUCATION À L'ORIENTATION

Voilà une initiative dont vous avez forcément entendu parler. Études dirigées en classe de sixième ou séquences d'orientation de la cinquième à la troisième, et ensuite au lycée, peu importe le nom... En quoi ces séances peuvent-elles vous être utiles et, en particulier, que devez-vous en attendre ?

Des formes variées pour un objectif. L'un des objectifs est « de rectifier les représentations simplifiées et stéréotypées, souvent erronées, qu'ont les élèves des filières et des métiers », précisent les textes officiels. En fait, les contenus de ces séances dépendent de vos professeurs, du conseiller d'orientation-psychologue, du documentaliste, du CPE (conseiller principal d'éducation) et du proviseur ou du principal de votre établissement, censés les élaborer de concert. Quoi qu'il en soit, et quels que soient les outils utilisés (débats, logiciels, tests d'intérêts, cahiers de travaux dirigés, etc.) ces séances devraient vous permettre de mieux appréhender les différents secteurs d'activité, les métiers, ainsi que les formations.

Faire le lien entre ses aptitudes et son orientation. Ces séances peuvent également vous aider à percevoir la relation entre vos résultats scolaires et votre orientation future, et à établir les liens entre vos goûts, votre personnalité et le choix d'un métier. Si, par exemple, vous voulez devenir médecin, mais que votre niveau scolaire est un peu juste, ces séances pourront vous faire découvrir d'autres métiers dans le secteur de la santé vous permettant néanmoins de satisfaire vos envies de soigner et d'aider les autres !

• Contenu : à partir de 48 questions portant sur une autoévaluation de votre attitude dans des situations de formation, vous pourrez mesurer votre besoin de réussite. Évaluer votre perception de la réussite (Avez-vous le sentiment que la réussite scolaire dépend de vous ou du hasard ? etc.). Et enfin, vous pourrez tester votre capacité à vous projeter dans un avenir plus ou moins lointain.

FAIRE UN BILAN D'ORIENTATION

Si les tests en libre consultation ne vous ont pas éclairé sur votre avenir, si vous ne savez vraiment pas quelle orientation envisager, si l'avis du conseil de classe vous est défavorable, bref si vous avez l'impression d'être dans une impasse, vous pouvez demander à faire un bilan d'orientation avec l'aide d'un conseiller d'orientation psychologue, soit dans un CIO public, soit dans un centre privé.

Dans un CIO public

Dans les **CIO publics**, les bilans sont gratuits, mais, faute de personnel, sont proposés avec parcimonie, « le plus souvent en cas de blocage extrême », explique Martine, conseillère d'orientation. Ils s'appuient surtout sur des tests d'intérêt et de motivation. Histoire d'estimer votre goût pour les études, mais aussi de dégager ce que vous aimez ou non, en vous posant des questions « en situation ». On vous proposera également des tests de connaissance relatifs à votre personnalité. Afin de sonder votre comportement, de voir si vous êtes par exemple plutôt sociable ou introverti, etc. Bref, une sorte d'état des lieux, tant sur le plan scolaire (savoir où j'en suis et à quoi je peux prétendre), que personnel (quels sont mes intérêts, mes motivations, mes ambitions ?).

> **CIO PUBLICS**
> **Ne tardez pas à prendre rendez-vous car, dès le mois de mars, les délais d'attente vont de deux à trois mois...**

Dans un centre privé

Dans un centre d'orientation privé, le bilan comportera généralement une batterie de tests supplémentaires et notamment des tests d'aptitude intellectuelle mesurant vos qualités de raisonnement, de logique et de synthèse, comme le célèbre QI (quotient intellectuel) ! Est-ce utile ? Les avis sont partagés, tout dépend de l'usage qui est fait des résultats obtenus.

Le calcul du QI. « Révéler un QI de 110 ou de 140 n'apporte rien en tant que tel. C'est pourquoi nous ne donnons jamais de chiffre », explique Bruno Verrecchia, directeur du COREP, un centre d'orientation privé agréé par l'Éducation nationale. « Ce qui est intéressant, c'est de voir comment ce nombre a été obtenu et donc tout le détail qualitatif des épreuves que comporte le calcul d'un QI. Est-ce qu'un jeune est très bon dans tout ce qui est plutôt d'ordre verbal, mais en revanche très peu à l'aise dans l'abstrait ? Comment parvient-il à gérer ses émotions ?... Le QI n'est que l'un des ingrédients d'un bilan. »

Un outil pour favoriser le dialogue. Dans les centres privés, les conseillers qui ont en général suivi une formation de psychologue clinicien, attachent beaucoup d'importance à votre profil psychologique et aux éventuels problèmes de nature affective. « Un bilan donne la possibilité de faire le point, mais nous sert aussi de médiateur lors des entretiens que nous avons avec le jeune et sa famille, ajoute Bruno Verrecchia. Nous nous servons des résultats obtenus aux différents tests, mais le dialogue avec le jeune et ses parents est essentiel. Parce qu'au-delà de l'orientation nous nous devons de pouvoir aider un jeune et sa famille à surmonter des difficultés personnelles. Nous travaillons pour cela en relation avec des thérapeutes, des orthophonistes, des rééducateurs, des psychopédagogues, des écoles spécialisées, etc. »

Les prix. Passer un bilan dans un centre privé coûte cher : comptez 45 € (295 F) pour un simple entretien et de 152 à 534 €

PRATIQUE

DES CENTRES D'ORIENTATION PRIVÉS

Pour les parisiens, nous vous indiquons ci-dessous cinq établissements privés où vous adresser pour passer un bilan. Pensez également à vous renseigner auprès des fédérations de parents d'élèves qui possèdent un service d'information sur l'orientation et une documentation ouverte à leurs adhérents.

- CIDE, 6, rue Monsigny, 75002 Paris, tél. 01.44.55.34.80.
- Centre Fabert, 20, rue Fabert, 75007 Paris, tél. 01.47.05.32.68.
- Action jeunes, 5, rue Saint-Marc, 75002 Paris, tél. 01.42.33.60.95.
- CPS (Conseil en pédagogie et scolarité), 86, rue du Rocher, 75009 Paris. tél. 01.43.87.97.00.
- COREP, 18, rue de Varenne, 75007 Paris, tél. 01.44.39.74.10.

(de 997 à 3 503 F) pour un bilan plus complet s'accompagnant de tests. Avant de vous engager, renseignez-vous précisément sur les tarifs et les prestations fournies.

LE CONSEILLER D'ORIENTATION-PSYCHOLOGUE

Imaginez-vous avoir en charge près de 1 500 élèves en mal d'inspiration et/ou en quête d'informations… Nul doute que vous seriez débordé ! Et c'est ce qui se passe pour les quelque 5 000 conseillers d'orientation-psychologues ! Malgré les vents de réformes et les louables intentions, l'orientation reste l'éternel parent pauvre de l'Éducation nationale, et le manque de personnel fait cruellement défaut. Résultat des courses, les conseillers s'intéressent prioritairement aux élèves en grande

TÉMOIGNAGE

« Nous ne décidons pas à la place des élèves »

Conseillère d'orientation, Claudine partage son temps entre collèges, lycées et permanences en CIO. Si elle rencontre des élèves aux parcours et profils très différents, elle note aussi que tous font souvent les mêmes erreurs.

Pas de recette miracle. « Mon rôle n'est pas de révéler d'un coup de baguette magique le métier pour lequel on est fait, ni de donner de recette miracle. D'autant qu'à l'adolescence la personnalité est en pleine mutation et qu'il faut donc se garder de trancher net. Il faut que les jeunes comprennent que nous ne sommes là ni pour les juger ni pour décider à leur place. »

Préparer son entretien. « Mon travail ne consiste pas seulement à recevoir un élève et à faire le bilan de ses résultats scolaires. Il nous faut beaucoup discuter avant de faire le point. À cet égard, préparer son entretien, arriver avec un minimum d'idées sur ses ambitions est indispensable ! J'aide ensuite le jeune à articuler toutes les données qu'il me communique. Je lui explique aussi que les choses peuvent changer, et qu'il est possible de sortir des impasses. »

Attention aux rêves des parents. « Beaucoup de jeunes sont tellement obnubilés par ce qu'ils sont aujourd'hui qu'ils font fatalement fausse route. Enfin, leurs parents devraient nous consulter plus souvent, juste histoire de remettre les pendules à l'heure. Vouloir qu'un enfant devienne médecin parce que l'on n'a pas été capable de le faire ou qu'il se lance dans l'informatique parce qu'on a lu qu'il s'agit d'un secteur d'avenir me semble déraisonnable ! »

difficulté, privilégiant parfois l'aspect psychologique de leur profession par rapport à leur rôle de conseiller, d'informateur !

Un partenaire important. Malgré tout, le conseiller reste un partenaire important : il participe aux conseils de classe et peut donc plaider en votre faveur et surtout, il connaît autant les formations, les métiers que leurs débouchés, et il peut vous mettre en contact avec des professionnels, des responsables d'école.

Dans votre établissement ou dans un CIO. Si le conseiller qui assure une permanence dans votre collège ou votre lycée est réellement injoignable, ou s'il ne vous fournit pas les informations que vous attendiez, rien ne vous interdit de vous adresser au conseiller dans un CIO. Vous gagnerez même du temps dans la mesure où celui-ci dispose sur place de davantage de documents lui permettant de vous aider.

Deux rendez-vous dans l'année. Quoi qu'il en soit, prenez contact le plus rapidement possible, l'idéal étant de voir le conseiller au moins deux fois dans l'année : une première fois à la fin du deuxième trimestre et une autre fois avant le conseil de classe de fin de troisième trimestre.

LES SOURCES D'INFORMATION ET DE DOCUMENTATION

Les lieux de documentation sur les métiers, les secteurs d'activité et les formations ne manquent pas, surtout pour les citadins…

Les CIO

Les centres d'information et d'orientation dépendent du ministère de l'Éducation nationale. Ce sont des lieux où vous pouvez librement consulter une documentation sur les métiers, les formations, leurs débouchés… Des conseillers vous y reçoivent, de préférence sur rendez-vous, et répondent à vos questions.

Pour connaître l'adresse du CIO le plus proche de chez vous, consultez le site Internet du ministère : www.education.gouv.fr/orient/listcio

Les CIJ

Les CRIJ (centres régionaux d'information jeunesse) ou les BIJ (bureaux d'information jeunesse) émanent du ministère de la Jeunesse et des Sports. Ils vous renseignent autant sur les loisirs, les sports, les vacances que sur les formations professionnelles, l'organisation des études ou encore l'emploi. Vous y trouvez des fiches d'information, des listes d'adresses et des services annexes de logement, jobs d'été, emplois temporaires, etc.

À Paris, le CIDJ (Centre d'information et de documentation pour la jeunesse) se trouve 101, quai Branly, 75015 Paris, tél. 01.44.49.12.00, site Internet : www.cidj.asso.fr

La Cité des métiers

Au sein de la Cité des sciences et de l'industrie de la Villette, la Cité des métiers vous donne libre accès à la consultation d'une importante documentation sur les études et les professions, et vous permet de rencontrer, sans rendez-vous, des conseillers d'orientation-psychologues du CIO Médiacom.

Cité des métiers, 30, av. Corentin-Carriou, tél. 01.40.05.85.85 ; CIO Médiacom, tél. 01.44.10.73.30. D'autres cités des métiers ont ouvert leurs portes en province, vous trouverez leurs coordonnées dans le « Carnet d'adresses » à la fin de l'ouvrage.

L'ONISEP

L'Office national d'information sur les enseignements et les professions est un établissement public placé sous la tutelle du ministère de l'Éducation nationale, de l'Enseignement supérieur et de la Recherche. Il a pour mission de collecter, traiter,

À SAVOIR

DES CLASSES DE DÉCOUVERTE DES MÉTIERS

Pour aller plus loin dans sa mission éducative, la Cité des sciences et de l'industrie, à Paris, organise des « classes Villette ». Un séjour de quatre jours dans ce haut lieu de la connaissance accompagné par quelques-uns de vos professeurs, par le conseiller d'orientation de votre établissement et une équipe de conseillers du CIO Médiacom, durant lequel vous n'aurez pas le temps de vous ennuyer !

Au programme, découverte de la Cité : la médiathèque, et la salle « science actualités », le planétarium, le sous-marin *Argonaute*, etc. Mais surtout, vous comprendrez au long de cette visite en quoi l'évolution des sciences et des techniques induit de nouveaux espoirs, de nouvelles interrogations, influencent la vie quotidienne et donc l'emploi. Vous serez amenés à travailler sur des représentations différentes de votre environnement, à bousculer des stéréotypes professionnels en rencontrant notamment différents personnels de la Cité des sciences et de l'industrie sur leur lieu de travail, à découvrir l'évolution du marché de l'emploi et les différentes structures d'aide à l'emploi en étant, par exemple, accueillis à l'antenne ANPE implantée sur place.

De manière ludique, avec des supports d'information diversifiés, souvent interactifs, on vous apprendra à relier les morceaux du puzzle que constitue l'orientation et à vous interroger efficacement sur votre avenir professionnel. Enthousiasme garanti ! Conseillez à vos profs de se renseigner.

• Cité des sciences et de l'industrie, 30, avenue Corentin-Cariou, 75019 Paris, tél. 01.40.05.70.00.

élaborer et enfin de diffuser la documentation sur l'ensemble des métiers et des formations.

Une délégation régionale, présente dans chaque académie, est chargée principalement d'établir une documentation propre à chaque région. Vous trouverez leurs coordonnées sur le site Internet : www.onisep.fr

L'Etudiant

La collection des « Guides de l'Etudiant » comprend plus de 130 titres sur l'orientation après le bac, les métiers, les formations. Enquêtes, interviews de professionnels et d'enseignants, dossiers, le mensuel *L'Etudiant* offre aussi des informations utiles.

Par ailleurs, une vingtaine de salons permettent chaque année de rencontrer les responsables de formation et de suivre des conférences thématiques sur les métiers et les formations.

Pour en savoir plus, vous pouvez consulter le Minitel : 36.15 LETUDIANT (0,34 € ou 2,23 F la minute), ou le site Internet : www.letudiant.fr

VOS AUTRES PARTENAIRES

À côté du conseiller d'orientation, vos professeurs, comme le chef d'établissement ou encore le conseiller principal d'éducation, sont bien placés aussi pour vous aider dans votre démarche d'information. Un petit entretien de temps à autre ou bien en fin de trimestre, surtout lorsque vos bulletins reflètent un léger fléchissement, est vivement conseillé.

Le professeur principal

Il est le plus à même de percevoir ce que pense l'équipe d'enseignants et de vous en faire un compte rendu synthétique. Il est généralement volontaire et donc souvent motivé par son rôle ; vous pouvez établir avec lui une relation privilégiée. Si ce n'est pas le cas, choisissez de rencontrer le professeur avec lequel vous avez le plus d'atomes crochus ou simplement le professeur qui enseigne la matière où vous avez des difficultés. Vos professeurs pourront toujours vous aider à redresser la barre si vous êtes motivé et si vous vous en donnez les moyens !

Le conseiller principal d'éducation

Il participe aux conseils de classe, travaille en relation avec le reste de l'équipe pédagogique et vous connaît donc parfaitement sur le plan scolaire. Pourtant, il s'attache surtout à vous percevoir de façon beaucoup plus générale, moins technique que ne peuvent le faire les enseignants.

Il est donc là pour vous écouter et vous conseiller en tant qu'élève, mais aussi en tant qu'individu, en vous recevant en dehors des heures de cours pour tenter de remédier à vos difficultés scolaires ou personnelles. Son rôle équivaut bien souvent à celui d'un médiateur entre les différents acteurs de votre orientation. N'hésitez pas à le solliciter, seul ou avec vos parents.

Le documentaliste

Ne sous-estimez pas son rôle ! Le ou la documentaliste trouvera toujours la bonne brochure, la bonne adresse et même, pourquoi pas, le bon contact ! Car n'oubliez pas que le documentaliste est lui aussi investi d'une mission d'information sur l'orientation puisqu'il participe à l'organisation des séances d'éducation au choix.

Le documentaliste intervient néanmoins généralement de façon plus ludique et moins formelle que les enseignants. Par exemple, en organisant un débat, en programmant une projection de film, une séance découverte de logiciels liés à l'orientation ou aux métiers, etc.

CONSEILS

SOYEZ CURIEUX !

Pensez à jeter un coup d'œil aux biographies de professionnels que l'on peut trouver dans les rayons des librairies. Lire le journal d'une assistante sociale vous en apprendra long sur son métier !

N'hésitez pas à lire la presse spécialisée des secteurs d'activité qui vous intéressent ni à contacter les fédérations professionnelles.

Rendez-vous aux salons d'information sur les métiers organisés dans votre région. Frappez aux portes des écoles et contactez les associations d'anciens élèves.

Enfin, consultez les programmes des radios et télévisions pour lister les émissions liées à l'orientation et à l'emploi.

Le chef d'établissement

Il préside les conseils de classe et a le pouvoir de décider de votre orientation. Il faut donc, bien sûr, le consulter – notamment avant de faire appel en cas de désaccord entre les souhaits formulés par vos professeurs et les vôtres. Sa vision d'ensemble, comme sa connaissance du milieu scolaire, des procédures d'orientation ou encore ses relations avec le monde de l'entreprise peuvent lui permettre d'arrondir certains angles, de vous donner une seconde chance.

RENCONTRER DES PROFESSIONNELS

« Lorsque l'imagination est seule à fonctionner et sans réalité à laquelle se confronter, on vit dans le rêve, le fantasme. Et quand on se heurte enfin au principe de la réalité, notre perception utopique du monde ne permet pas de lever les obstacles

TÉMOIGNAGE

LISA, JOURNALISTE : OSEZ OSER !

A 16 ans, j'étais une élève moyenne sans ambition particulière mais très enthousiaste et un peu… fantaisiste ! Un jour, je suis passée devant le Ritz, un grand hôtel parisien. J'ai eu envie de le visiter. Mais il fallait que je trouve une idée originale qui me permette de m'infiltrer dans l'établissement. À cette époque au lycée, on nous parlait beaucoup d'orientation. Je suis allée voir le proviseur et je lui ai proposé d'organiser une table ronde sur les métiers de l'hôtellerie et de la restauration en prétextant que j'envisageais de me lancer dans cette voie. Séduit, il a accepté que je prenne rendez-vous avec le responsable commercial du Ritz et il m'a aidé à obtenir cet entretien.

« Bien sûr, j'ai dû préparer un questionnaire très sérieux, écouter ce monsieur pendant deux heures avant d'arriver à mes fins : galoper du grand hall au salon, en passant par les cuisines où j'ai pu savourer d'exquises pâtisseries ! Et ma conférence fut très réussie ! Tout cela pour dire que la curiosité n'est pas forcément un vilain défaut. Encore faut-il être passionné. Après tout, c'est ce dont rêvent tous les jeunes. Plus tard, j'ai continué à interroger des professionnels en leur disant cette fois simplement que je cherchais une idée de métier. Aucun n'a jamais refusé de me répondre. Aujourd'hui, je continue mes interviews, mais dans le cadre de mon métier, et c'est génial ! »

rencontrés », explique Georges Goldmann, auteur d'un livre sur les métiers. Pour confronter votre rêve à la réalité, pour appréhender le quotidien des personnes qui exercent le métier qui vous intéresse, il est important de rencontrer des professionnels. Profitez de toutes les occasions, vous connaissez sûrement quelqu'un qui connaît quelqu'un…

Préparez vos questions

Des professionnels plutôt heureux de parler de leur métier et qui, de surcroît, ont des choses intéressantes à dire, on en rencontre beaucoup et partout. À condition, bien sûr, de savoir les solliciter et de préparer ses questions sur une petite **fiche**. « Consacrer du temps à l'information des jeunes n'est pas un dû, explique Irène, conseillère d'orientation. Il faut comprendre qu'un chef d'entreprise ne puisse pas vous recevoir immédiatement, mais convienne d'un rendez-vous. C'est pourquoi vous devrez préparer intelligemment vos questions. »

> **FICHE**
> **Attention néanmoins à ne pas rester le nez collé à votre feuille durant l'entretien. Réagissez aussi aux réponses de votre interlocuteur.**

Soyez réactif. « J'aurais aimé que David réagisse à mes réponses, explique Catherine, journaliste. Pour que le dialogue s'installe, que sa curiosité soit aiguisée. Je sais bien que c'est par timidité qu'il n'osait pas trop me regarder, mais c'est un peu dommage... J'avais même parfois l'impression qu'il n'entendait pas vraiment mes commentaires, tant il se polarisait sur la question suivante. Alors je ne suis pas certaine que cet entretien ait été très efficace, d'autant que ses questions étaient par ailleurs assez banales ! »

Mener une interview comme une conversation lors d'un dîner entre amis n'est pas si compliqué. D'autant plus que le sujet est censé vous passionner. Et n'hésitez pas à vous munir d'un magnétophone-enregistreur, pour ne pas avoir besoin de prendre des notes. Dès lors, osez l'audace ! Juste histoire de sortir des sentiers battus.

Loin des mythes. Presque tous les métiers véhiculent leurs mythes : le journaliste serait ainsi toujours un grand reporter, passant sa vie dans les avions ou sur les terrains de guerre..., le kiné serait un super sportif ne massant que des créatures de rêve. En rencontrant des professionnels, vous pourrez découvrir que

TÉMOIGNAGE

La face cachée de l'iceberg

Avec un oncle policier, Samuel croyait déjà tout savoir sur le métier de flic. Mais c'est sa tante qui lui en a révélé les aspects les plus intéressants.

« Lorsque j'ai entendu ma tante me parler du métier de son mari, j'ai découvert la face cachée de l'iceberg, explique Samuel. Elle m'a parlé de son angoisse à chaque fois qu'il partait en mission en pleine nuit. De ses états d'âme à lui aussi, lorsqu'il avait l'impression de ne pas être à la hauteur, d'être manipulé... De ses coups de gueule, même ! Et également de cette indisponibilité qui l'avait souvent privée de week-end ou d'une vie de famille équilibrée. Après avoir pesé le pour et le contre, j'ai toujours envie d'être flic, mais je sais mieux à quoi m'attendre. Bien sûr, mon oncle m'avait parlé des avantages et des inconvénients de son métier, mais en gardant une certaine pudeur. Ma tante a respecté cette pudeur, mais elle a su me parler avec ses tripes et ça, ça change tout ! J'ai réalisé combien ce métier allait marquer mon quotidien. »

l'on peut être un journaliste heureux dans une petite rédaction locale, au service d'une entreprise ou encore se satisfaire d'une rubrique cinéma dans un journal. De son côté, un kiné pourra vous raconter qu'il est quelquefois rebuté par la saleté de ses patients ! De la même façon, on a parfaitement le droit d'interroger un policier sur la peur, l'injustice, un médecin sur la souffrance, un ébéniste sur l'émotion ressentie à chaque fois qu'il termine un meuble.

Interroger l'entourage du professionnel. Pas question de chercher l'anecdote pour l'anecdote, ni le sensationnel, mais simplement découvrir certains aspects d'un métier auxquels vous n'aviez pas pensé et qu'il faudra pourtant savoir gérer et assumer. À cet égard, chaque fois que vous en avez la possibilité, pensez également à interroger l'entourage du professionnel que vous aurez interviewé, histoire de savoir comment, lui, perçoit le métier. Car dans « l'œil de l'autre », une profession peut prendre une tout autre dimension. Parce que les attentes d'un patient, les confessions d'une cliente ou encore les revendications d'un élève révèlent bien des exigences du métier de médecin, de coiffeuse ou d'enseignant !

Les journées « portes ouvertes » et les salons

Si vous n'osez ni décrocher le téléphone, ni franchir le seuil de la boulangerie et que vous n'avez pas la chance d'avoir des parents ou des relations susceptibles de vous faire rencontrer des professionnels, devenez piquet de salon et éclusez toutes les journées « portes ouvertes » des écoles qui vous intéressent. Mais là encore, soyez efficace ! « Les jeunes viennent souvent pour savoir quel métier faire quand on est mauvais en mathématiques ou carrément en échec scolaire, mais sans désir précis », confie une professionnelle de la Fédération française parisienne du bâtiment participant à des salons, et qui regrette que les jeunes qu'elle rencontre soient « pleins d'idées préconçues sur le métier de plombier ou d'électricien, mais n'aient aucun objectif ».

Une visite à préparer. Dans ce cas, faire le tour du salon et s'emparer d'une cinquantaine de brochures ne sert à rien. « Ce qu'il faudrait, c'est que les jeunes viennent nous voir après avoir consulté un conseiller d'orientation et qu'ils préparent un questionnaire assez précis sur une ou deux professions qui les intéressent, suggère la représentante du syndicat. C'est-à-dire, qu'ils nous interrogent sur notre vécu professionnel. Lorsqu'on tente de casser leur rêve, ils ne nous écoutent même plus. Pourtant, un salon devrait leur servir à approfondir une idée ou à en trouver d'autres ! »

CONSEIL

JOIGNEZ L'UTILE À L'AGRÉABLE !

Vous tombez en admiration devant un beau livre, une voiture ou un papier peint ? Cherchez, par exemple, à découvrir tous les métiers qui ont été nécessaires à la création, à la fabrication, puis à la mise en vente de l'objet en question. Même chose lorsque vous allez au théâtre ou au concert. Essayez de lister toutes les professions qui vous semblent avoir été nécessaires à l'élaboration du spectacle, sur scène comme en coulisses ! Et tentez de définir succinctement le rôle de chacun de ces professionnels. Si vous séchez, peaufinez votre recherche, vous venez peut-être de trouver une nouvelle idée de métier !

LE RÔLE DES PARENTS

« À quoi bon aller chercher ailleurs ce que l'on a sous la main ?, interroge Aurélie, étudiante en droit. Les parents, on n'est pas toujours d'accord avec eux, mais on a l'avantage de bien les connaître, de pouvoir les questionner, de profiter de leurs expériences, de leurs relations. Ils ne sont pas tous intolérants au point de vouloir nous imposer un métier dans lequel ils savent pertinemment que nous échouerons ! Je crois qu'il faut tenter de garder une certaine complicité, de dialoguer, de s'informer ensemble. Pour les rassurer, mais aussi pour qu'ils puissent nous dire pourquoi on fait peut-être fausse route et donc nous aider à trouver une autre voie. »

Dialoguez !

Vos parents peuvent déjà vous parler de leur métier (ou vous faire connaître un ami, un collègue ou une cousine qui vous décrirait sa profession). Profitez de leur disponibilité : n'hésitez pas à leur demander de vous accompagner à des salons sur les

PRATIQUE

DES TUYAUX POUR VOS PARENTS

À leur faire connaître :

- PEEP (Fédération des parents d'élèves de l'enseignement public), 89, bd Berthier, 75017 Paris, tél. 01.44.15.18.18. Internet : www.peep.asso.fr
- FCPE (Fédération des conseils de parents d'élèves), 108, av. Ledru-Rollin, 75011 Paris, tél. 01.43.57.16.16. Internet : www.fcpe.asso.fr
- UNAPEL (Union nationale des associations de parents d'élèves de l'enseignement libre), 277, rue Saint-Jacques, 75005 Paris, tél. 01.53.73.73.90. Internet : www.appel.asso.fr
- L'École des parents, Inter Service Parents, tél. 01.44.93.44.93.
- Agence Informations enfance, 29, rue Davy, 75017 Paris, tél. 01.42.29.75.03. Publication d'un annuaire sur les « écoles différentes ».

À leur faire lire :

- *L'Orientation face aux mutations du travail,* éditions Syros.
- *Les Dessous de l'orientation scolaire, du collège à l'université,* éditions Syros.
- *Le Redoublement, pour ou contre ?,* éditions ESF.
- *Les Jeunes et l'orientation,* éditions Syros.
- *Le Guide du collège,* éditions Milan.
- *Le Bac chez nous et ailleurs,* éditions Hachette éducation.
- *Quel métier pour votre enfant ?,* éditions Robert Laffont.

Et pour tout savoir sur les salons de l'Etudiant, tapez 36.15 LETUDIANT.

métiers, à un rendez-vous avec le conseiller d'orientation, et faites ensemble une rapide synthèse de ce que chacun en a retenu. Comparez alors vos conclusions et tentez de justifier vos désaccords ! Ainsi, il est bien possible que vous changiez d'avis ou, au contraire, que vous leur fassiez mieux comprendre les raisons pour lesquelles vous envisagez telle ou telle profession.

Pour vos parents comme pour vous, déterminer ce qui est bien ou mal pour votre avenir n'est pas une mince affaire ! Comme l'explique Georges Goldmann, vos parents doivent faire preuve d'une attitude aussi courageuse qu'objective. « Courageuse, car il peut être assez difficile d'accepter que son fils fasse autre chose que ce qu'on désire pour lui, qu'il devienne en quelque sorte autre chose que soi-même… Objective, car il est essentiel d'évaluer à sa juste mesure la capacité de l'enfant à réaliser son projet. Lorsque celui-ci est particulièrement précoce, si fort et si présent qu'il occupe tout entière la vie de l'enfant et que tout son entourage reconnaît la réalité évidente de son talent, il n'y a pas à hésiter : il faut l'aider. En revanche, lorsque, il est plus tardif, il importe de vérifier s'il s'agit d'un projet sérieux et réaliste, d'une passade, ou d'un rejet de l'autorité parentale. »

MULTIPLIER LES EXPÉRIENCES

« J'entends et j'oublie, je vois et je me rappelle, je fais et je comprends », enseigne un vieux proverbe chinois. Lorsqu'on cherche une idée de métier, ou lorsqu'on veut s'assurer que la profession à laquelle on pense est bien telle qu'on se l'imagine, autant vérifier sur place ! Combien de déclics se sont opérés de la sorte ? « C'est en allant aider mes voisins dans leur clinique vétérinaire que je me suis rendu compte combien leur métier me plaisait », se souvient François en terminale S, bien décidé à tenter le concours d'entrée d'une école vétérinaire.

Les ministages

Votre collège n'est pas obligé d'en prévoir. Mais si tel est le cas, foncez ! Les ministages vous seront en général proposés à la fin de la classe de troisième pour une durée de deux à six jours. En principe, c'est à vous de vous démener pour trouver une entreprise d'accueil. Toutefois, un petit coup de pouce de la part de votre établissement est possible. Durant le stage (pour lequel une convention, signée entre votre collège et l'entreprise, est obligatoire) vous serez soumis aux règles de l'entreprise et serez d'ailleurs suivi par un tuteur.

Les stages d'observation

Ils permettent de découvrir le vrai visage d'une entreprise et donc, comme leur nom l'indique, d'observer tout ce qui se passe autour de vous. Même si l'entreprise qui vous reçoit n'est pas tenue de vous confier une mission, sachez saisir la moindre opportunité et, surtout, débordez de curiosité (en faisant attention de respecter le travail de chacun !).

Lancez-vous !

De stages en jobs d'été, n'hésitez pas à vous lancer. Non seulement vous aurez une vision plus réaliste du monde de l'entreprise et du travail, mais ces expériences vous donneront également l'occasion de tester vos motivations et surtout de discuter avec des professionnels. S'ils vous font changer d'avis, c'est que votre projet n'était pas bien construit ou qu'il ne vous tenait finalement pas à cœur. Si vos stages confirment vos intentions, vous serez bien plus à l'aise dans vos études. Voguer vers un port plutôt qu'à l'aventure est toujours réconfortant. À cet égard, en vous racontant leur parcours, certains professionnels peuvent vous aider à opter pour une stratégie d'études à laquelle vous n'auriez pas pensé. Peut-être avec des tours et des détours, mais l'important est de parvenir à ses fins en suivant un parcours adapté à sa personnalité.

« Beaucoup de jeunes sont persuadés qu'ils réussiront dans le social alors qu'ils n'ont jamais été confrontés aux difficultés de la vie », explique le directeur d'un institut de formation aux métiers du secteur social. « Je leur recommande donc de rencontrer des professionnels, mais surtout, de vivre des expériences leur permettant de tester leur maturité. Faire de l'intérim, être moniteur de colonie de vacances, caissière au supermarché ou même bénévole. Tout est bon pour sonder son savoir-être ! »

À lire dans la collection « Les Guides de l'Etudiant »

- *Réussir son projet professionnel.*
- *Réussir son orientation : de la troisième à l'après-bac.*

À lire aussi

- *Gérer son orientation tout au long de la vie*, dans la collection « Les Cahiers d'orientation », Idecom Éditeur, 9 *bis*, rue de Vézelay, 75008 Paris.
- *Lycée, enseignement général et technologique*, éditions Balland-Jacob-Duvernier.
- *Bien choisir sa première*, éditions Nathan.
- *Guide malin pour réussir ma seconde*, éditions Magnard.
- *Le Dico des métiers*, ONISEP diffusion.
- *Infos métiers*, éditions Larousse.
- *700 Métiers pour mieux s'informer, pour mieux trouver*, éditions Stock.
- *Le Guide pratique des métiers d'avenir*, éditions Prat.
- *Mille Métiers pour tous*, éditions Balland.
- *Les Jeunes et l'orientation*, l'École des parents, éditions Syros Alternative.

Pour plus de renseignements

- 36.15 LETUDIANT, rubrique « formation/orientation », puis rubrique « tests ».

PARTIE 2

CHOISIR UN MÉTIER

Vous trouverez ici des informations sur différents secteurs d'activité, mais surtout, près de 150 idées de métiers classés en fonction de quatorze verbes qui reflètent votre état d'esprit ou vos aptitudes propres. Chaque fiche précise les qualités requises et les principaux itinéraires de formation.

Cette liste non exhaustive devrait susciter votre curiosité. Vous pourrez vous reporter au *Guide des métiers 2001*, publié par l'Etudiant, dans lequel vous trouverez des informations plus détaillées sur les métiers mentionnés dans ce livre.

S O M M A I R E

ADMINISTRER

Diriger

• Administrateur territorial

Employé par une commune, un conseil régional ou général, etc., il assiste les élus en préparant leurs décisions, en s'efforçant de leur faire adapter leur politique aux contraintes locales. Il essaie de maintenir la continuité de cette politique entre les échéances électorales. Sollicité par les administrés, il est aussi chargé de résoudre les problèmes quotidiens, et doit donc assurer le suivi d'une multitude de dossiers. Il s'occupe, par ailleurs, de la gestion du personnel.

Goût pour les contacts, dynamisme, mais également esprit d'initiative.

Maîtrise ou diplôme d'un institut d'études politiques + concours + formation dans la collectivité territoriale concernée.

• Conducteur de travaux

Chargé de diriger, d'organiser et de contrôler un chantier, il planifie les tâches des ouvriers et veille au respect des délais, des normes de sécurité ou encore du budget. Mais il est surtout, auprès de son entreprise comme de ses clients, le garant de la qualité des opérations effectuées. Il assure enfin la gestion du personnel. Un métier éminemment complet, réservé à des professionnels aguerris.

Polyvalence, grande disponibilité physique et intellectuelle et capacité à gérer une équipe.

BTS bâtiment, travaux publics, DUT génie civil, diplôme de conducteur de l'ESTP (École spéciale des travaux publics).

• Directeur d'agence bancaire

Il supervise la gestion des comptes de sa clientèle, accorde ou refuse un crédit, une autorisation de découvert, etc. Mais c'est aussi un meneur d'hommes à qui l'on demande d'encadrer et de motiver une équipe à laquelle il fixe les objectifs à atteindre, comme n'importe quel dirigeant d'entreprise. En général, cette fonction est accessible après plusieurs années d'expérience dans des agences locales différentes. Expérience du terrain et contact avec la clientèle obligent !

TÉMOIGNAGE

BRUNO, DIRECTEUR DE THÉÂTRE

Bruno, au départ, voulait plutôt devenir comédien, mais il avoue : « Finalement, je n'étais sans doute pas fait pour ça. Je n'aurais pas su me vendre avec la hargne et les prétentions nécessaires, ni même sacrifier ma famille. Je crois que le hasard a bien fait les choses... Je m'étais égaré en fac de droit, mais ce que j'aimais, c'était la scène.

« Comme mes parents commençaient à voir d'un mauvais œil que je ne fiche rien, j'ai tenté le concours d'administrateur de théâtre de l'École de la rue Blanche (aujourd'hui transférée à Lyon), persuadé de ne pas être retenu, mais bien décidé à gagner du temps avant de tenter celui de comédien ! Fichtre, sur 160 candidats, je figurais parmi les sept admis ! Alors là, ce fut le flash ! Je pouvais ne pas quitter la scène en travaillant de l'autre côté du rideau, créer des spectacles, diriger des comédiens.

« Aujourd'hui, j'ai trouvé un compromis, mais je le dis sans amertume. Au contraire, je crois que la fonction de directeur de théâtre m'apporte davantage que le statut de comédien. Je me déplace beaucoup, j'assiste à de nombreux spectacles et je rencontre énormément de gens avec qui j'élabore de véritables stratégies d'animations culturelles. Tout cela pour susciter la curiosité du public, lui communiquer ma passion. Lorsque je vois les spectateurs entrer, s'installer, rire, pleurer, applaudir, je me dis que c'est gagné !

« Cependant mon métier présente aussi une autre face : il faut savoir négocier, comptabiliser, gérer. Et ça, ce n'est vraiment pas ma tasse de thé ! Mais les planches sont là, tout à côté, la salle ne doit pas désemplir et tout cela vaut bien quelques concessions. »

Une grande rigueur n'exclut pas le sens de la communication ni la diplomatie !

Institut d'études politiques, école supérieure de commerce, etc.

• Directeur des ressources humaines

Chargé de mettre en place toute la politique de la société liée au personnel (salaires, contrats, négociations avec les syndicats, etc.), le DRH (directeur des ressources humaines) s'occupe également de la communication interentreprises.

Sens de l'écoute et du dialogue, savoir inspirer confiance, être impartial et équitable, savoir gérer un conflit avec finesse.

Écoles de commerce, écoles spécialisées, troisième cycle en gestion des ressources humaines.

• Directeur d'hypermarché

Il est présent dans tous les rayons, doit savoir tout ce qui se passe : il surveille l'évolution des ventes, supervise donc les stocks. Il décide des opérations promotionnelles et, bien sûr, encadre le personnel de vente et d'animation. Il est en relation constante avec la direction générale et avec les fournisseurs. Enfin, à lui d'avoir suffisamment d'imagination et de savoir-faire pour maintenir la bonne image de marque de son entreprise, par exemple, à coups de campagnes publicitaires judicieusement menées.

Sens du commandement, de la vente, bonnes connaissances en gestion et en organisation.

Écoles de commerce et plusieurs années d'expérience dans le domaine de la vente.

➥ **Mais aussi :** proviseur de lycée, directeur d'hôtel, directeur de MJC (maisons des jeunes et de la culture).

Financer

• Credit manager

Responsable des crédits des clients, il doit évaluer, prévoir et gérer les cas des clients qui se trouvent dans l'incapacité de payer leurs factures. Il est aussi chargé de décider des délais de paiement accordés aux fournisseurs. Enfin, il doit veiller à la conformité des actes de crédits établis par son entreprise et définir précisément les conditions financières dans lesquelles s'effectueront les transactions.

Compétences en comptabilité, droit fiscal, gestion financière. Rigueur.

MST comptable et financière, grande école de commerce, diplôme d'expertise comptable.

• Financier export

Il veille à protéger toute exportation contre les risques d'impayés et les fluctuations des taux de change. Il doit donc vérifier la solvabilité des entreprises implantées à l'étranger avec lesquelles traite sa société, anticiper les éventuelles spéculations, prendre les assurances nécessaires. Il peut être amené à se rendre chez le client lors de la négociation d'un contrat.

Esprit critique, bonne connaissance des marchés, virtuosité intellectuelle.

Grande école de commerce, mais aussi formation universitaire de niveau bac+5 comme un DESS de finance.

• Gestionnaire du patrimoine

Il guide les clients dans le choix de leurs investissements en tenant compte de leurs besoins, des contraintes fiscales et juridiques de chacune de ses propositions. Il travaille dans une banque ou dans un cabinet privé.

Avoir un grand sens de l'écoute, être fin stratège, s'intéresser à l'actualité financière.

Maîtrise de sciences de gestion, école de commerce, DESS gestion du patrimoine.

• Opérateur de marché

Le téléphone toujours à portée de la main pour être certain de ne manquer aucune bonne affaire, il brasse chaque jour des milliards, en vendant ou en achetant des produits financiers pour le compte de ses clients. S'il touche au passage des commissions parfois fort attrayantes, le jeu est risqué car les chutes des cours peuvent s'avérer cruelles et ruineuses. De plus, cette profession implique des rythmes de travail très soutenus, et dans une ambiance souvent plus que stressante. Des nerfs d'acier s'imposent !

Flair, rapidité et, bien évidemment, excellente connaissance des marchés !

Grande école d'ingénieurs ou de commerce, troisième cycle universitaire spécialisé dans la finance.

➥ **Mais aussi :** expert-comptable, agent *back-office*, téléconseiller.

Gérer

• Ingénieur de production

C'est avant tout un gestionnaire qui conduit sa chaîne de fabrication comme une entreprise. Son objectif est de permettre à son usine de produire au meilleur coût et dans les meilleurs délais. Il supervise donc les équipes d'ouvriers et de techniciens, repère leurs besoins en formation, réorganise les ateliers à bon escient, etc. Un travail très complet, qui requiert un excellent sens des relations humaines et une compétence pointue.

Rigueur, dynamisme, sens du management, connaissances techniques.

Diplôme des Arts et Métiers ou d'une école d'ingénieurs spécialisée.

• Directeur financier

Rattaché à la direction générale de son entreprise, il supervise l'ensemble des activités comptables, financières, de trésorerie et du contrôle de gestion. À partir des informations qu'il reçoit des différents services, il diagnostique les points forts et les points faibles de son entreprise, conseille la direction dans ses décisions budgétaires, fait des prévisions... Il représente son entreprise auprès des banquiers, des administrations, etc.

Esprit de synthèse, organisation, maîtrise de l'anglais et de l'informatique.

DESCF, diplôme d'un IEP, section économie financière, grande école de commerce (+ expérience).

• Trésorier

Chargé de gérer la trésorerie d'une société, il étudie les comptes de l'entreprise, analyse les recettes et les dépenses, effectue les meilleurs

ZOOM

Les secteurs de la banque et de la finance

Très diversifiés, les métiers de la banque et de la finance offrent de multiples possibilités de carrière à tous les échelons et pour tous les niveaux de formation.

La fonction commerciale en tête. 80 % des recrutements à venir devraient s'effectuer dans la fonction commerciale. Les BTS action commerciale, force de vente et le DUT techniques de commercialisation ont donc le vent en poupe. La banque à distance avec Internet, le conseil en organisation, le support informatique sont également amenés à se développer.

Place aux spécialistes et aux jeunes. Concurrence internationale oblige, les établissements bancaires vont devoir développer de nouveaux produits et donc recruter du personnel de plus en plus qualifié. Les spécialistes des fusions-acquisitions sont notamment très recherchés. Idem pour les jeunes ingénieurs puisque les métiers techniques demandent une parfaite maîtrise des modèles mathématiques. Pour compenser les quelque 40 000 départs à la retraite prévus d'ici à 2010, de nombreux jeunes vont être recrutés.

Une hiérarchie très présente. Toutefois, les métiers du secteur bancaire s'exerçant en général au sein d'énormes structures, autant s'attendre à une hiérarchie très présente et à une évolution de carrière parfois difficile en raison du manque de passerelles entre les métiers.

Source : Le Guide des métiers 2001*, hors-série du mensuel* l'Etudiant.

placements possibles pour son entreprise. Enfin, il négocie les emprunts. Il travaille en collaboration avec le directeur financier.

Goût des chiffres, méthodique (pour ne pas dire pointilleux, voire tatillon).

Maîtrise des sciences des techniques comptables et financières (MSTCF), DESS d'économie.

TÉMOIGNAGE

DANIELLE, ADMINISTRATEUR DE BIENS

Danielle parle avec beaucoup de sincérité de son métier : « Bien sûr que certains syndics sont des arnaqueurs ! Au même titre qu'il existe des flics véreux, des journalistes fabulateurs... Lorsque j'ai commencé à travailler, c'était dans un grand groupe bancaire, à la direction des filiales immobilières. Mais je ne m'y sentais pas assez libre, pas assez responsable. Un collègue m'a un jour proposé de créer notre cabinet d'administration de biens. J'ai foncé !

« C'est un métier très relationnel. On côtoie tous les professionnels du bâtiment, de l'ouvrier à l'architecte spécialisé, en passant par le chef de chantier. On rencontre des banquiers, des avocats, des notaires, des édiles municipaux (magistrats), sans oublier les copropriétaires ! Des gens apparemment comme vous et moi. Pourtant, une assemblée générale vaut bien un cours de sociologie ! On apprend beaucoup sur la bêtise, voire la méchanceté !

« Il faut donc être diplomate, avoir des connaissances en droit, en fiscalité, en gestion et savoir aussi inspirer confiance ! Rien n'empêche les copropriétaires de vous licencier et de s'adresser à un autre syndic. Il faut aussi accepter les horaires très élastiques et les copropriétaires exigeants.

« Il est également nécessaire d'évoluer pour s'en sortir (informatiser ses méthodes de gestion, améliorer la formation du personnel, racheter des cabinets, etc.). L'ouverture des frontières européennes laisse par ailleurs présager une restructuration de la profession, de nouveaux marchés à conquérir. Si j'avais 20 ans aujourd'hui, je foncerais ! »

• Directeur d'antenne HLM

Il s'occupe de la gestion des logements sociaux dont il a la responsabilité. Assisté par des gérants et des collaborateurs techniques et administratifs, il gère le budget de son agence, négocie et supervise les gros travaux à prévoir sur les logements dont il a la responsabilité (réhabilitation, aménagements, etc.). Enfin, il supervise le personnel de gardiennage.

Connaissances en immobilier, mais aussi dans le domaine du social.

École supérieure des professions immobilières, école de commerce...

➥ **Mais aussi :** contrôleur de gestion, responsable des stocks.

POUR ALLER PLUS LOIN

À lire, dans la collection « Les Guides de l'Etudiant »

- *Le Guide de l'emploi dans la fonction publique.*
- *Bien se préparer aux épreuves des concours administratifs.*
- *Les Métiers du marketing et de la publicité.*

Pour plus de renseignements

- Vous pouvez également consulter les dates des différents concours de la fonction publique, réactualisées chaque mois, en tapant 36.15 LETUDIANT.
- AFB (Association française des banques), 18, rue Lafayette, 75009 Paris, tél. 01.48.00.52.52. Internet : www.afb.fr
- Conseil supérieur de l'Ordre des experts-comptables, 153, rue de Courcelles, 75017 Paris, tél. 01.44.15.60.00. Internet : www.experts-comptables.org
- FNAIM (Fédération nationale de l'immobilier), 27 *bis*, avenue Villiers, 75017 Paris, tél. 01.40.53.73.50. Internet : www.fnaim.fr

AIDER

Accueillir

• Agent de comptoir

Il travaille dans une agence de voyages ou une association touristique. Il informe les futurs touristes sur les différentes formules de voyages et leurs coûts, puis s'occupe de la réservation des billets et des séjours. Une partie de son temps est consacrée à la comptabilité et à la recherche documentaire.

Sens du commerce, organisation, aptitude pour le travail de bureau.

BTS vente et production touristique (remplace, depuis 2001, le BTS tourisme et loisirs option conception et commercialisation).

• Chargé d'accueil

Il reçoit et renseigne la clientèle sur les services proposés par sa banque. Il s'occupe également des tâches courantes : ouverture de compte, commande de chéquier, placements, etc.

Sens des relations humaines, rigueur, aptitude à manier les chiffres.

BTS commercial ou DUT option gestion des entreprises et des administrations.

• Guide accompagnateur

Il accueille, puis accompagne les touristes dans leur circuit. Il veille à la bonne organisation des voyages (réservation de billets, vaccinations...), il divertit aussi les touristes et les informe sur le pays visité.

Bonne culture générale, maîtrise d'une ou plusieurs langues étrangères, diplomatie, disponibilité.

BTS animation et gestion touristiques locales (remplace, depuis 2001, le BTS tourisme et loisirs option accueil et animation).

• Concierge

Ce métier n'existe plus que dans les hôtels de prestige. On reconnaît le concierge à l'emblème de la profession qu'il porte fièrement sur sa

TÉMOIGNAGE

PIERRE, STEWARD

Parfois, le métier de steward est un peu dévalorisé. Dommage, selon Pierre, qui entend bien le défendre ! « Si j'avais l'impression d'exercer un métier avilissant, d'être juste bon à servir à boire et à manger, je m'en irais en courant !

« **Bien sûr, certains passagers** se laissent parfois aller, mais le plus souvent l'ambiance est chaleureuse. D'ailleurs, les tests de sélection ne seraient pas si compliqués si nous n'étions que de modestes serviteurs.

« **Je me souviens avoir été surpris**, lors de mon recrutement, de passer des épreuves de culture générale, de langues, des tests psychologiques, des entretiens de groupe et de recevoir une formation commerciale et une formation de secourisme aussi poussées.

« **Bref, c'est un métier comme un autre.** Je l'ai choisi un peu par hasard, mais maintenant, je le trouve extrêmement enrichissant. Il demande des qualités relationnelles, un certain sang-froid pour parfois faire face à l'imprévu, ou même à l'urgence.

« **D'accord, on vit de façon décalée.** C'est un métier dangereux aussi. J'ai beau être rodé, je pense toujours au pire. D'un autre côté, je travaille dix-sept jours d'affilée et j'ai douze jours de récupération durant lesquels je suis complètement disponible. Parfois, j'ai aussi l'opportunité d'emmener ma femme avec moi, et ça, c'est génial !

« **Et puis on voyage.** Bien sûr, on a toujours l'impression de ne pas en voir assez... Mais ceci dit, quelques jours d'escale permettent de se faire une idée de la ville que l'on visite et d'être dépaysé. »

veste : deux clefs dorées. Ils sont environ 800, tous dévoués aux clients afin de rendre leur séjour le plus agréable possible. Ils sont disponibles 24 heures sur 24 et doivent savoir répondre à n'importe quelle demande. Par exemple, indiquer toutes les prestations de l'hôtel, faciliter la vie du client à l'extérieur de l'établissement en lui réservant une place au restaurant, au théâtre. En conseillant telle ou telle boutique, etc. De plus, il supervise les grooms, les voituriers et les bagagistes.

Amabilité, discrétion, débrouillardise, bonne culture générale et connaissances des langues étrangères.

Bac ou BT tourisme + une année de formation à l'ICI (International Concierge Institute), de Paris.

➥ **Mais aussi :** hôtesse de l'air, réceptionniste, standardiste.

Conseiller

• Conseillère en économie sociale et familiale

Elle aide les familles à résoudre des problèmes de gestion de budget, de santé, de logement, etc. Il travaille dans une caisse d'allocations familiales, un bureau d'aide sociale, une mutuelle ou encore en milieu hospitalier.

Psychologie, bon équilibre psychique, esprit d'initiative, capacité d'écoute et diplomatie.

BTS en économie sociale et familiale, puis un DE (diplôme d'État) de conseiller en éducation sociale et familiale.

• Audit

Quel que soit le secteur d'activité dans lequel il exerce (audit comptable, social, informatique, juridique), sa mission est d'analyser une situation donnée, d'émettre un diagnostic puis de proposer les solutions permettant d'améliorer le bon fonctionnement de l'entreprise.

Sens de la communication, capacité d'analyse, autonomie, méthode.

École de commerce ou d'ingénieurs, MST, DESS, DEC (diplôme d'études comptables).

• Délégué médical

Il présente les nouveaux médicaments aux médecins en leur indiquant le maximum d'informations (prix, utilisation, effets secondaires, etc.).

TÉMOIGNAGE

SABINE, CONSEILLÈRE EN ÉCONOMIE SOCIALE ET FAMILIALE

Sabine est une spécialiste de la vie quotidienne : « J'aide les familles en difficulté à résoudre leurs problèmes de tous les jours. Concrètement, je peux, par exemple, les aider à aménager le logement social qu'on vient de leur attribuer en leur suggérant de réserver un coin aux enfants, pour qu'ils puissent faire leurs devoirs tranquillement. Je les aide à choisir les meubles en fonction de leur budget. Je dois aussi expliquer comment fonctionne le chauffe-eau, comment réguler la consommation d'électricité. Avec d'autres familles, je parle de diététique, je communique les adresses d'associations sportives, etc.

« Mais je ne rencontre pas que des familles défavorisées. Avec la crise économique de ces dernières années, je reçois aussi des cadres supérieurs frappés par le chômage ! Difficile de gagner leur confiance pour qu'ils acceptent de nous livrer les clefs de leur budget.

« C'est un métier qui exige de savoir écouter, comprendre afin de proposer la solution appropriée. Notre rôle n'est pas de juger, ou, par exemple, de demander à une famille immigrée de changer sa culture ; notre rôle consiste plutôt à lui apprendre à l'adapter aux exigences de notre société. C'est un métier à la fois relationnel et technique pour lequel il faut impérativement savoir contrôler son affectif et ne pas hésiter à dire non ! Et tout cela, hélas, ne s'apprend pas à l'école. »

Mobilité, ténacité, quelques connaissances scientifiques, facilité d'élocution, bonne santé.

Bac + une formation supérieure d'une année pour préparer le diplôme de délégué médical.

• Conseiller en assurances

Il doit être capable d'informer les clients sur les différents produits que propose sa compagnie, mais aussi de leur vendre des services adaptés à leur situation et à leurs besoins. Il doit, par ailleurs, assurer le suivi de sa clientèle et prospecter pour de nouveaux contrats.

Sens commercial, connaissances en fiscalité, en économie, en droit, dynamisme.

BTS assurance, action commerciale, force de vente, DUT techniques de commercialisation, diplôme d'école de commerce ou de l'ENAss (École nationale d'assurances).

• Écoconseiller

Il guide et conseille les élus, des industriels ou même le public afin d'améliorer la vie quotidienne en matière d'environnement. Il enquête sur les besoins et propose des solutions allant, par exemple, de l'assainisse- d'une rivière au lancement d'une campagne de prévention.

Esprit de synthèse, diplomatie, connaissances techniques, imagination.

Bac + 4 ans à l'Institut écoconseil de Strasbourg ou à l'ENSAIS (École nationale supérieure des arts et industries de Strasbourg).

• Consultant Internet

La plupart des entreprises ne maîtrisant pas encore Internet, le consultant est là pour les aider. En évaluant d'abord les besoins des entreprises puis en leur proposant des solutions adaptées leur permettant d'exploiter correctement Internet. Concrètement, il s'agit pour lui de répondre à des questions telles que : « Que doit contenir notre site ? Comment le faire évoluer ? Faire progresser le nombre de visiteurs et les fidéliser ? Comment protéger la confidentialité des informa- ? », etc. Il travaille surtout dans les SSII (sociétés de services et énierie informatique) et chez les créateurs de sites.

Capacités d'écoute et d'analyse, souplesse d'esprit, sens de la pédagogie.

Il est nécessaire de posséder un niveau bac+5 (ingénieur ou DESS).

➥ **Mais aussi :** libraire, documentaliste, conseiller d'orientation, conseiller juridique.

Assister

• Assistant d'édition

S'il ne prend aucune décision éditoriale, il s'occupe pourtant de tout ce qui touche au livre : commentaires de manuscrits, relecture, corrections, amélioration du style en collaboration avec les auteurs. Il assure également le suivi de la fabrication, rédige le résumé imprimé sur la quatrième de couverture du livre et s'occupe parfois également de la promotion.

Expression écrite irréprochable, bonne culture générale, diplomatie, esprit de synthèse.

BTS édition, DESS édition, mastère en management de l'édition de l'ESCP (École supérieure de commerce de Paris).

• Scripte

Sur le tournage d'un film, elle est chargée de noter minutieusement tout ce qui concerne chaque prise (minutage, maquillage des acteurs, costumes et accessoires utilisés, détails concernant le décor, observations du réalisateur, etc.). Elle suit partout l'équipe de tournage, effectue des repérages et dégrossit le travail du monteur.

Disponibilité, rigueur, rapidité et capacité à surmonter un stress permanent.

Bac + 2 ans de formation à la FEMIS (École nationale supérieure des métiers de l'image et du son).

• Sage-femme

Elle a toutes les connaissances nécessaires pour suivre une grossesse normale et, bien sûr, préparer et assister les femmes au moment de l'accouchement. Mais son travail est loin de se limiter aux gestes techniques. Elle doit savoir mettre les femmes en confiance, les rassurer, les écouter, les conseiller, les soulager. Après l'accouchement, elle suit encore les femmes et leur bébé, dispense les premiers soins. La quasi-totalité des sages-femmes travaille comme salariées dans les hôpitaux ou les cliniques. Quelques-unes exercent en libéral.

Sang-froid, psychologie, patience, sens du contact ainsi que fermeté.

Quatre ans d'études dans les écoles spécialisées pour obtenir le diplôme de sage-femme.

• **Assistant de service social**

C'est avant tout une oreille attentive à qui l'on confie ses misères dans l'espoir d'un soutien moral ou financier. Mais la mission principale de ces professionnels est d'amener les plus démunis à retrouver une vie normale, un statut et donc une identité, au regard de la société. Assister signifie alors inciter les gens à réagir et donc à se prendre en charge. Un métier qui implique de la générosité mais surtout de la disponibilité et du savoir-faire. Un bon carnet d'adresses est un outil précieux.

Patience, psychologie, excellente connaissance de tous les rouages du secteur social.

Le diplôme d'État se prépare en trois ans après le bac. Il existe un DUT carrières sociales, option assistant de service social.

• **Hot liner**

Un bogue sur votre ordinateur ou l'impossibilité de franchir une étape dans un jeu, un problème de connexion avec Internet ? La solution se trouve au bout du fil où le hot liner diagnostique votre problème et vous apporte la solution. Pour faciliter son travail, ce dernier dispose d'une base de données qui recense les problèmes le plus souvent rencontrés.

Un sens relationnel, des capacités d'analyse et des nerfs à toute épreuve.

Un DUT ou bien un BTS informatique sont les diplômes requis pour exercer ce métier.

• **Aide médico-psychologique**

Il apporte un soutien psychologique (animation) et matériel (repas, toilette, soins) à des personnes privées de leur autonomie, comme certains handicapés ou des personnes âgées dépendantes. Il travaille en milieu hospitalier ou dans des institutions spécialisées.

Grande disponibilité, motivation, patience, sens pratique, moral d'acier, résistance physique.

Certificat d'aptitude aux fonctions d'aide-soignant, et certificat d'aptitude aux fonctions d'aide médico-psychologique.

• **Traducteur expert**

Il transcrit des textes ou traduit oralement les propos de personnes qui ont affaire à la justice. Il assiste les magistrats, les commissaires de police ou encore les prévenus ne maîtrisant pas le français.

ZOOM

LE SECTEUR SOCIAL

Malgré la reprise économique et la baisse du chômage, la précarité touche encore une part importante de la population. De fait les professionnels du social gardent fort à faire. Les offres d'emplois dépassent même souvent la demande. De plus, le vieillissement de la population devrait notamment entraîner le développement des métiers des soins à domicile. Diplôme en poche, vous n'aurez donc aucun mal à trouver un emploi.

Des secteurs et des publics variés. Autre avantage du secteur social : les métiers y sont d'autant plus variés que les conditions d'exercice, les statuts et les missions diffèrent selon les employeurs (secteur associatif, fonction publique, secteur hospitalier ou pénitentiaire, entreprise privée, etc.) et les publics dont on s'occupe (enfants, adultes, handicapés, délinquants, personnes âgées, etc.).

Motivation et maturité indispensables. Mais attention, pour exercer dans le social, les bons sentiments ne suffisent pas. Ce sont des métiers difficiles humainement et techniquement d'autant que les moyens alloués aux travailleurs sociaux sont rarement suffisants. De surcroît, les salaires proposés aux professionnels du social semblent bien dérisoires en comparaison de l'investissement qui leur est demandé ! Motivation et maturité sont donc de rigueur. Deux qualités d'ailleurs sévèrement testées à l'entrée des écoles !

Source : Le Guide des métiers 2001*, hors-série du mensuel* l'Etudiant.

COMPRENDRE LES AUTRES

Voici les témoignages de Sylvie, Otto et Paul, qui ont choisi d'aider les autres.

• **Sylvie, secrétaire :** « Je prépare le terrain, j'assure le suivi des dossiers, je véhicule l'information, j'arrondis les angles, etc. J'aime vraiment cette sensation d'être une femme du détail, je me plais à passer sans cesse d'une chose à une autre... C'est une profession variée et surtout très relationnelle. Je suis au courant de tout ce qui se passe dans l'entreprise, mais la confidentialité reste de mise. Et si c'était une certaine forme de pouvoir ? »

• **Otto, travailleur social d'urgence :** « Il y a la nuit, le froid, les odeurs et la misère... On a du mal à retranscrire certaines émotions. Alors on en parle peu, on a chacun ses soupapes. Je n'imaginais pas que l'exclusion pouvait prendre de telles proportions... On s'adresse à des personnes qui vivent sur un bout de trottoir, sans savoir qu'elles ont encore des droits : droit à obtenir un logement, une indemnité ou tout du moins une assiette et un lit pour la nuit ! Alors on sillonne les rues, on s'arrête et on discute. Certaines personnes mettent plusieurs jours avant d'accepter de nous suivre. Ça peut paraître dérisoire de se battre pour trouver un lit d'accueil dans un hôpital quand on sait qu'un jeune y viendra pour "crever" du sida. Mais je veux qu'il meure dans la dignité, pas sur un banc. »

• **Paul, traducteur littéraire :** « Il m'arrive parfois de rester plus d'un mois sur une traduction. Cela peut être déprimant ! Il faut savoir s'imposer une grande discipline de vie, des horaires réguliers. Finalement, c'est souvent un marathon. Nous sommes loin de l'aimable dilettante traduisant au gré de son inspiration ! »

Précision dans le travail, psychologie, familiarisation avec les textes juridiques et administratifs.

Diplôme de traducteur-interprète des deux principales écoles d'interprètes : ESIT et ISIT.

➥ **Mais aussi :** contrôleur aérien, écrivain public, interprète, secrétaire, greffier, clerc de notaire.

POUR ALLER PLUS LOIN

À lire dans la collection « Les Guides de l'Etudiant »

- *Les Métiers du tourisme et de l'hôtellerie.*
- *Les Métiers des langues.*
- *Les Carrières sociales et paramédicales.*
- *Les Métiers de la communication.*
- *Les Métiers de l'environnement.*
- *Devenir secrétaire ou assistante.*

Pour plus de renseignements

- Ordre national des sages-femmes, 168, rue de Grenelle, 75007 Paris, tél. 01.45.51.82.50. Internet : www.onsf.org
- Syndicat national de l'édition, 115, bd Saint-Germain, 75006 Paris, tél. 01.44.41.40.50. Internet : www.snedition.fr
- Conseil supérieur du notariat, 31, rue du Général-Foy, 75383 Paris cedex 08, tél. 01.44.90.30.00. Internet : www.notaires.fr
- 36.15 CPNVM (pour la formation de délégué médical).
- Fédération française des sociétés d'assurances, 26, bd Haussmann, 75009 Paris, tél. 01.42.47.90.00. Internet : www.ffsa.fr

Enseigner

• Maître de conférences

Spécialisé dans une discipline, il dispense ses cours à l'université, assurant des heures de TP (travaux pratiques) et des CM (cours magistraux). Il consacre enfin une partie de son temps à des travaux de recherche dans sa discipline.

Réflexion, analyse, mais aussi sens de la pédagogie, avoir du charisme pour motiver les étudiants.

Il faut absolument passer par la voie universitaire : maîtrise + DEA + doctorat.

• Responsable de formation

Il conçoit, réalise et développe des actions de formation en fonction de sa spécialité et des besoins des entreprises qui l'emploient. Il met en place des équipes de formateurs, mais il peut aussi assurer certains cours.

Faculté d'analyse, aptitude à la négociation commerciale, pédagogie.

Bac+5 + expérience dans la formation + connaissance du milieu d'intervention.

• Musicolier

Il initie les enfants à la musique tout en essayant de développer leur sens artistique. Le musicolier peut travailler au sein d'une MJC (maison des jeunes et de la culture), pour une chorale, dans les écoles, en collaboration avec les enseignants ou encore il enseigne parfois à l'université.

Culture musicale, grande faculté d'adaptation, sens de la pédagogie, imagination.

DEUG, puis DUMI (diplôme universitaire de musicien intervenant), préparé dans une dizaine d'universités.

➥ **Mais aussi :** professeur de lycée, moniteur d'auto-école, enseignant à l'étranger, moniteur de ski.

TÉMOIGNAGE

Claude, enseignante à l'hôpital

Claude est là pour permettre aux enfants de poursuivre leur scolarité, pour qu'ils ressortent avec le même niveau que leurs anciens copains de classe.

« C'est un métier difficile, mais passionnant ! L'erreur serait de venir ici en pensant que l'on exorcisera ses problèmes en côtoyant ceux des autres. Pour enseigner à l'hôpital, il faut d'abord être équilibré, motivé et avoir une énergie à toute épreuve car, une fois rentré chez soi, on a parfois du mal à faire le vide. Il faut également beaucoup de souplesse pour enseigner à des bambins de 3 ans comme à des adolescents et, bien sûr, il faut adapter son programme en fonction des soins médicaux.

« C'est un travail d'équipe avec l'enfant, la famille, l'école d'origine et l'ensemble du personnel soignant. Il faut toutefois savoir rester à sa place. Nous ne sommes ni psychologues ni éducateurs. Et les enfants le savent. Pour eux, l'école de l'hôpital est justement un lieu qui les éloigne de la maladie, même s'ils s'y rendent avec un pied de perfusion. Ils apprennent, échangent, évacuent leur angoisse. L'école remplit donc un rôle thérapeutique.

« Qu'est-ce que ce métier a changé pour moi? J'ai appris à relativiser la valeur des choses. La maladie m'effraie un peu moins et, surtout, la vie m'apparaît d'une richesse incomparable. »

Éduquer

• Éducateur spécialisé

Il s'occupe d'enfants, d'adolescents ou d'adultes présentant des déficiences physiques ou psychiques, des troubles du comportement ou ayant des difficultés d'insertion. Il concourt à leur éducation en organisant des activités socioculturelles (jeux, sorties). Il travaille le plus souvent dans des institutions spécialisées ou des associations.

Patience, compréhension, mais surtout faire preuve d'un véritable altruisme.

Bac + DEES (diplôme d'État d'éducateur spécialisé) en trois ans, ou bac + DUT carrières sociales + un an de spécialisation.

• Éducateur à la PJJ (protection judiciaire de la jeunesse)

Il travaille auprès des jeunes délinquants, à la demande d'un juge. Lorsqu'il exerce en centre d'hébergement, il organise la vie professionnelle et scolaire, les loisirs des jeunes et veille à leur santé. Il assure le lien avec les employeurs, les professeurs et les familles.

Équilibre, une grande énergie pour surmonter les situations conflictuelles, psychologie.

Bac+2 + concours + deux ans de formation au CNFEPJJ à Vaucresson dans le Val-d'Oise.

• Éducateur de jeunes enfants

Il contribue au développement et à l'épanouissement des enfants en stimulant leurs capacités intellectuelles et motrices, en favorisant leur créativité, l'affirmation de leur personnalité. Il travaille en crèche, à l'hôpital, dans les centres de loisirs, etc.

Imagination, une patience infinie pour trouver des réponses à tous les problèmes, sens de la pédagogie.

Bac + diplôme d'État d'éducateur de jeunes enfants en trois ans.

• Auxiliaire de puériculture

Sous la responsabilité d'une puéricultrice, d'une infirmière ou d'une sage-femme, elle dispense des soins aux bébés ou aux petits enfants. En maternité, elle veille sur le bébé, fait sa toilette, etc. Dans une crèche ou une halte-garderie, elle prend part aux activités éducatives, assure l'hygiène des enfants et les nourrit. Dans un centre de protection maternelle et infantile, elle pèse, mesure les bébés et tient à jour les fiches médicales.

Douceur, sens des responsabilités, attention, patience, fibre maternelle.

Le certificat d'auxiliaire de puériculture se prépare en un an dans des écoles spécialisées.

ZOOM

Le plus beau métier du monde

Prof, un métier qui fait rêver. Parce qu'il s'agit d'une noble mission que celle de transmettre un savoir mais aussi parce qu'une grille de salaire bien balisée, la sécurité de l'emploi et une vingtaine de semaines de congés payés par an laissent rarement indifférent !

Des conditions d'exercice difficiles. Toutefois, même si les chiffres indiquent une hausse des embauches dans les années à venir, gare au miroir aux alouettes ! De nombreux jeunes profs se plaignant des conditions d'exercice parfois très dures, notamment lorsqu'il s'agit d'enseigner dans des établissements sensibles, dans des quartiers difficiles.

Moins de deux candidats sur dix réussissent les concours. Si l'aventure vous tente encore, il vous faudra réussir l'un des huit concours organisés par le ministère de l'Éducation nationale, accessibles (excepté l'agrégation) après une licence ou un diplôme reconnu équivalent. La préparation aux concours se déroule sur une année dans les IUFM (instituts universitaires de formation des maîtres). Moins de deux candidats sur dix réussissent les épreuves avec succès ! Les heureux lauréats accèdent quant à eux au titre de professeur stagiaire et perçoivent un salaire de 1 220 € (8 003 F) mensuels durant une seconde année de formation qui leur permet d'alterner cours théoriques et stages en établissement. À l'issue de cette formation ils deviennent professeurs titulaires et reçoivent alors une affectation... hélas rarement conforme à leur souhait !

Source : Le Guide des métiers 2001, *hors-série du mensuel* l'Etudiant.

➥ **Mais aussi :** moniteur-éducateur, éducateur technique spécialisé, conseiller d'insertion et de probation de l'administration pénitentiaire, ludothécaire, formateur d'adultes.

ENCADRER LES JEUNES

Dominique et Julien travaillent tous les deux dans des associations et nous livrent leurs expériences différentes d'encadrement des jeunes dans des conditions difficiles.

• **Dominique, ancien éducateur en internat :** « C'était très contraignant et moralement difficile. S'occuper de jeunes caractériels, aux difficultés scolaires ou familiales énormes, réclamait une énergie de tous les instants. C'était un univers violent dans lequel il fallait à la fois veiller à la sécurité et à l'éducation de jeunes complètement cassés, sans repères et donc souvent agressifs. Les éduquer, c'était d'abord leur réapprendre les gestes simples du quotidien : se laver, s'habiller, manger, supporter les autres. Et puis il fallait organiser leurs loisirs, leurs vacances et même leurs week-ends. Les remotiver en leur permettant de vivre des expériences fortes : une expédition en parapente, quinze jours de fouilles archéologiques en Corse, etc. »

Aujourd'hui, Dominique exerce au sein d'une association de sauvegarde de l'enfance. « Mon rôle est d'entrer en relation avec le jeune, mais aussi sa famille, son entourage, pour tenter de faire émerger ce qui ne va pas, puis de remédier aux problèmes. Par exemple : aider une mère à rompre avec l'alcoolisme, à retrouver l'énergie nécessaire pour se prendre en charge. Lui faire admettre de renouveler sa demande de RMI (revenu minimum d'insertion). Lui éviter une expulsion. Lui proposer de placer ses enfants en famille d'accueil ou en foyer d'hébergement, le temps de refaire surface.

« Le plus compliqué, c'est de devoir s'adresser à des gens qui ne demandent rien et donc de savoir les mettre en confiance ; de les convaincre qu'ils doivent réagir, qu'on est là pour les aider. Tout ceci sans tomber dans un discours moralisateur ! La souffrance est là, quotidienne, parfois sordide, mais ce qu'il y a de passionnant, c'est de réfléchir à une solution qui va les aider à surmonter ses difficultés. Mais attention, on ne peut pas tout réparer. Je ne pourrai jamais effacer le viol d'une petite fille par son père, mais juste l'aider à se construire malgré ça. »

• **Julien, éducateur de rue.** Julien travaille dans une association parisienne spécialisée dans la prévention. Son public ? « Des petits paumés, livrés à eux-mêmes, parfois dès 8 ou 9 ans. Je connais toutes leurs planques. Je vais, je viens, je me présente, je repasse... C'est comme ça qu'on tisse des liens et que certains finissent par se confier, acceptent de rencontrer une assistante sociale, de s'intégrer à notre équipe de foot ou nous demandent un conseil pour un boulot.

« Quand un jeune atterrit en prison, je culpabilise toujours un peu, mais dans ce boulot, il faut aussi accepter la fatalité. Accepter de se faire "jeter" et surtout déculpabiliser. Admettre que certains ne s'en sortiront jamais. Alors on leur rend visite derrière les barreaux, on repart de zéro... peut-être pour rien ! »

Informer

• Agencier

Au sein d'une agence de presse, il collecte les dépêches arrivées sur les téléscripteurs, puis rédige des « brèves » qu'il transmet aux rédactions. Il peut se spécialiser dans un domaine particulier (politique, société, sports) ou devenir correspondant à l'étranger.

Rapidité, précision, bonne culture générale et, surtout, un excellent esprit de synthèse.

Diplôme d'une école de journalisme ou diplôme universitaire niveau maîtrise.

TÉMOIGNAGE

Anne, journaliste pigiste

Rémunérée à l'article, c'est-à-dire non salariée d'un journal, Anne a, contrairement à d'autres, choisi cette façon d'exercer son métier, elle nous explique pourquoi.

Liberté et diversité. « J'ai choisi cette voie par goût de la diversité et de la liberté. Je m'organise comme je veux. Être pigiste, c'est aussi un défi : si on rate un article, on ne s'en prend qu'à soi-même. Idem quand on signe un excellent papier ! Bien sûr, il faut être disponible, et il m'est difficile de dire non lorsqu'on me propose un sujet. Et comme mon salaire dépend du nombre de mes publications… De plus, on a du mal à accéder à l'information quand on travaille seule car les services de communication croient que les journalistes intéressants sont ceux qui sont attachés à une rédaction ; donc ils oublient de nous envoyer leurs infos, de nous inviter aux conférences de presse… Du coup, avoir été salariée d'un journal avant d'être pigiste m'a aidée. J'ai conservé mon carnet d'adresses et ça, c'est un trésor !

Des relations riches. « Si j'apprécie ce métier, c'est essentiellement pour les relations humaines. On rencontre souvent des gens passionnants et on peut leur poser toutes les questions que l'on veut. Bien sûr, il faut fixer les limites de sa curiosité, savoir où doit s'arrêter l'information ! Le fait d'avoir une spécialisation est un atout pour exercer en tant que pigiste. Il ne faut pas non plus avoir peur de travailler pendant le week-end.

« Contrairement à ce qu'on pense, le journalisme n'est pas un métier facile. Si certains médias entachent l'image de la profession, il ne faut pas mettre tout le monde dans le même sac ! »

• Iconographe de presse

Il recherche des images pour illustrer des articles, puis il les soumet au choix du rédacteur en chef ou des journalistes. Il doit savoir repérer les qualités artistiques et techniques d'une photo, mesurer l'impact d'une image par rapport à un texte.

Connaissances photographiques, rapidité, sens artistique, accepter des horaires contraignants en « bouclage ».

Formation sur le tas ou à l'INTD (Institut national des techniques de documentation).

• Documentaliste

Il travaille soit dans un établissement scolaire, un centre d'information et de documentation, soit dans une entreprise privée. Il est chargé de la gestion, du classement et de la diffusion de la documentation répondant aux besoins du public. Il épluche donc des journaux, mais travaille aussi avec des cassettes vidéo, des CD-Rom, donc de plus en plus à l'aide d'un ordinateur ! Lorsqu'il exerce au sein d'un établissement scolaire, il peut être amené à collaborer avec les enseignants pour organiser différentes activités autour de l'information : projection de films, débats, etc.

Esprit de synthèse, méthode, sens de la pédagogie, savoir rendre l'information attrayante.

DUT information, communication, DEUST documentation, CAPES, INTD...

• Journaliste multimédia

De la transcription de dépêches d'agence sur Minitel au traitement de l'information sur Internet, la presse électronique est en plein essor et offre de nouvelles perspectives. Sans compter que nombre de journaux sont désormais mis en ligne. Comme n'importe lequel de ses confrères, le journaliste multimédia doit mener un travail d'enquête rigoureux, maîtriser la technique de l'interview et du reportage, et disposer d'un style d'écriture concis, en raison de la taille de l'écran. Il doit aussi savoir intégrer aux articles des séquences animées ou sonores.

Rigueur, bonne maîtrise de l'informatique, savoir travailler seul car le journaliste officie souvent chez lui.

Une école de journalisme suivie d'une spécialisation en multimédia.

➥ **Mais aussi :** traducteur audiovisuel, bibliothécaire.

ZOOM

Le multimédia et Internet

Internet est devenu en quelques années un véritable secteur économique. Un secteur qui recrute à tour de bras. De surcroît, la plupart des produits multimédia off-line, comme les CD-Rom et les jeux vidéo, prévoient désormais une extension sur le Net.

Les offres liées au développement informatique (ingénieurs, développeurs, etc.) continuent donc à progresser, mais les compétences en graphisme et en traitement de l'image sont également très appréciées. Parce que les éditeurs doivent se démarquer visuellement dans la jungle du réseau des réseaux ! Enfin, les profils marketing ont la cote, puisqu'ils sont indispensables au développement des nouveaux produits fabriqués par les entreprises.

Adaptation et formation. Être créatif, savoir prendre des initiatives et savoir s'adapter à la multitude d'outils, de logiciels et d'interlocuteurs sont des qualités essentielles pour travailler dans ce secteur. Si la passion a longtemps fait office de passeport pour l'emploi, aujourd'hui les entreprises préfèrent recourir à des spécialistes qualifiés. Une formation au multimédia dans une école d'art graphique ou encore aux Beaux-Arts est donc bienvenue. Il existe également des formations orientées vers le multimédia dans les universités (IUP, MST, DESS). Prenez garde néanmoins avant de vous engager dans une formation à vous assurer de ses liens avec les professionnels !

Source : Le Guide des métiers 2001*, hors-série du mensuel* l'Etudiant.

À lire dans la collection « Les Guides de l'Etudiant » :

- *Bien se préparer aux concours de l'enseignement.*
- Les *Métiers de l'enseignement.*
- *Les Carrières sociales et paramédicales.*
- *Devenir journaliste.*
- *Les Métiers de la communication.*

À lire également

- *Le Métier d'éducateur de jeunes enfants,* éditions Syros.
- *Devenir éducateur, une affaire de famille,* éditions L'Harmattan.

Pour plus de renseignements

- Fédération nationale des éducateurs de jeunes enfants, 2, rue du Maréchal-de-Lattre-de-Tassigny, 44000 Nantes, tél. 02.40.47.53.64. Internet : www.lacfps.org
- École nationale de l'administration pénitentiaire, domaine de Plessis-le-Comte, 91706 Sainte-Geneviève-des-Bois cedex, tél. 01.69.25.55.00.

Étudier

• Ingénieur de recherche

Il travaille dans un cabinet d'études ou dans une entreprise pour laquelle il est chargé de concevoir de nouveaux produits ou d'inventer des procédés de fabrication. L'ingénieur de recherche collabore à toutes les phases d'élaboration d'un produit, depuis l'évaluation des besoins des clients (en collaboration avec le service marketing), jusqu'à la mise sur le marché, en passant par les tests du prototype.

Rigueur, esprit d'équipe, sens des relations pour traiter avec différents clients.

École d'ingénieurs (éventuellement complétée par un doctorat).

• Paléoanthropologue

Grâce à ses connaissances (anatomie comparée, paléogénétique) et au développement des techniques d'évaluation des fossiles, le paléoanthropologue s'attache à comprendre le mode de vie des populations antérieures en retraçant l'évolution biologique de l'humanité. Il travaille essentiellement à partir d'ossements retrouvés lors de fouilles archéologiques. Même si *Jurassic Park* a fait des dinosaures votre raison de vivre, soyez bien conscient que les postes à pourvoir sont extrêmement peu nombreux.

Esprit scientifique, précision, abnégation et... un dédain total pour les profits matériels.

Maîtrise de biologie + DEA + doctorat en paléoanthropologie ou médecine + spécialisation.

• Nez

C'est à lui que l'on doit l'invention des parfums. Grâce à sa mémoire olfactive et à sa parfaite connaissance des plantes, des fleurs, et des produits de synthèse, il cherche les associations d'odeurs les plus judicieuses. Un « grand nez » peut reconnaître jusqu'à 5 000 odeurs différentes. Il compose des formules chimiques comme un musicien, puis rédige une partition.

TÉMOIGNAGE

SAMIR, CHERCHEUR

Samir est chercheur dans l'industrie pharmaceutique et a toujours été passionné par la chimie. « Alors, le jour où je suis devenu chercheur, je réalisais un rêve de gosse. Bien sûr, j'imaginais plutôt me retrouver au CNRS (Centre national de la recherche scientifique) ou à l'université, mais j'ai atterri dans l'industrie pharmaceutique. C'est parfois quelque peu frustrant car nous sommes obligés, à cause de la concurrence, de taire nos découvertes, alors que des chercheurs en sciences fondamentales peuvent en débattre lors de congrès ou publier des articles dans la presse spécialisée.

« Mais cela n'en est pas moins exaltant. Depuis bientôt sept ans que je fais ce métier, je ne me suis jamais lassé. D'abord, parce que j'espère toujours voir sur le marché un médicament issu de ma création. Ensuite, parce que quels que soient les résultats obtenus, ce n'est jamais négatif. Quand le service de pharmacologie m'apprend que la synthèse moléculaire que j'ai mise au point n'a aucune propriété intéressante, j'essaie de savoir pourquoi, j'en tire des conclusions utiles. Dans le cas contraire, c'est formidable, c'est qu'on approche peut-être d'une trouvaille !

« Mais pas question de s'endormir sur ses lauriers. On travaille toujours sous pression. Je n'ai rien à voir avec le cliché du chercheur fou, vieil "intello" à longue barbe et petites lunettes. De toute façon, on me chassera avant que je le devienne ! Lorsqu'on n'est plus au top, il faut laisser la place aux jeunes chercheurs. »

Imagination et modestie car on se souvient plutôt du nom d'un parfumeur que de celui des créateurs.

MST chimie des arômes et des parfums, Institut supérieur international du parfum...

• Netsurfer

Il passe ses journées à surfer sur le Net à la recherche de nouveaux sites qu'il répertorie et classe. Il travaille pour un fournisseur d'accès ou un moteur de recherche pour lesquels il réactualise les rubriques et fait découvrir des sites nouveaux aux utilisateurs.

Grande curiosité, bonne culture générale, esprit de synthèse et sens de l'information.

Il n'existe pas encore de formation spécifique, mais la passion pour Internet est indispensable !

• Ethnologue

C'est le spécialiste de l'étude des groupes humains. Il s'immerge dans la vie d'une population et étudie ses comportements, son évolution, ses mécanismes sociaux, sa religion, ses traditions, etc. La grande difficulté de ce métier est de devoir s'adapter rapidement, notamment en apprenant très vite une langue ou un dialecte, et surtout de savoir se faire accepter, notamment lorsqu'il s'agit d'ethnies très éloignées fonctionnant suivant un mode de vie très différent de celui des Occidentaux ! Il s'agit alors de mettre de côté ses à priori culturels. L'ethnologue travaille généralement pour un organisme de recherche comme le CNRS (Centre national de la recherche scientifique) ou encore pour un musée, comme le musée de l'Homme, le musée des Arts et Traditions populaires, etc.

Savoir travailler seul, curiosité intellectuelle, mobilité, maîtrise d'une langue étrangère, facilité d'adaptation.

DEUG de sociologie, puis licence et maîtrise et enfin un troisième cycle universitaire permettant de se spécialiser.

➥ **Mais aussi :** physicien, historien, sociologue.

Enquêter

• Urbaniste

Il est employé par l'État, une collectivité locale ou un cabinet d'études en vue de l'aménagement ou du développement d'un espace urbain, rural, ou encore d'un site naturel. L'urbaniste doit donc enquêter, sonder, recueillir le plus d'informations possible avant de proposer, puis de négocier son projet.

TÉMOIGNAGE

CÉDRIC, GARDIEN DE LA PAIX

Cédric explique qu'il a toujours été révolté par l'injustice. Alors il se disait qu'en entrant dans la police, il aurait les moyens de faire respecter les lois et de protéger ses concitoyens.

« Après dix ans de métier, j'ai quelque peu déchanté ! Quand je m'insurge parce qu'on ne me donne pas les moyens de me faire respecter, c'est que je déplore, par exemple, d'arrêter cinq fois le même loubard en un mois ! Pourquoi voulez-vous qu'il me craigne alors qu'il sait qu'il sera relâché dans les jours qui suivent ? Parfois on court aussi des risques : on s'engage à deux dans des cités pour se retrouver face à vingt jeunes ! On n'est donc pas très efficaces.

« Les surhommes n'existent pas, même dans la police. On pénalise plus facilement pour un stop mordu par inadvertance qu'on ne combat efficacement la délinquance, le grand banditisme. *Starsky et Hutch*, c'est du cinéma ! Nos voitures sont loin d'être performantes, nos radios sont défaillantes et nos commissariats souvent insalubres, équipés de matériel obsolète.

« Malgré tout, il faut garder son *self-control*. Quand on s'engage dans une course-poursuite, mais aussi quand on ramasse un cadavre sur une voie ferrée ou qu'on prévient une mère que son fils vient de se tuer à moto. Entre la fatigue des nuits de garde, la déception, l'indignation, certains ont du mal à faire le vide en rentrant chez eux. Moi, j'y arrive. Sans doute est-ce parce que j'y crois encore, que je me sens quand même utile. »

Esprit de synthèse, bonne capacité à dialoguer et sens de la diplomatie.

Deuxième cycle universitaire ou grande école, puis DEA ou DESS spécialisé en aménagement ou en urbanisme.

• Chargé d'études marketing

Il lance puis exploite des enquêtes, des sondages lui permettant d'analyser le comportement des consommateurs et l'évolution de leurs attentes. Puis, il évalue le plan d'attaque et les méthodes proposées par le service marketing pour le lancement d'un produit.

Esprit de synthèse, mais aussi perspicacité et une bonne dose de psychologie.

Études supérieures en sciences économiques, marketing, communication, etc.

• Technicien de laboratoire de la police

Il étudie à la loupe le moindre indice laissé par les criminels. Par exemple, un mégot de cigarette, un cheveu, l'empreinte d'une chaussure ou d'une roue. Il travaille donc à la fois sur le terrain et dans les laboratoires où il se livre alors à un travail d'interprétation scientifique. C'est une entreprise de longue haleine où les responsabilités sont importantes. Une mauvaise interprétation d'indice peut entraîner la condamnation d'un innocent à tort !

Précision, être disponible, faire preuve de patience, d'esprit de synthèse.

BTS ou DUT en chimie biologie + concours de la fonction publique.

• Expert automobile

Les compagnies d'assurances ou même les particuliers s'en réfèrent à lui pour déceler les causes d'un accident, évaluer les dommages causés au véhicule. Il définit ensuite, généralement en collaboration avec le garagiste, les réparations nécessaires et donc les frais à engager. Lorsqu'il y a conflit entre les parties concernées, il joue alors le rôle d'arbitre. Il partage son temps entre les visites sur le terrain, dans les garages et la rédaction des rapports administratifs et autres courriers nécessaires.

Compétences techniques, sens de la négociation et des relations humaines.

Bac + trois ans d'expérience dans le domaine de la réparation automobile (ou BTS, DUT, plus un an d'expérience).

➥ **Mais aussi :** détective, chasseur de têtes, enquêteur (assurances, consommation, institut de sondage, etc.), démographe, médecin légiste.

ZOOM

QUE FAIT LA POLICE ?

- Les services de sécurité publics luttent contre la petite et moyenne délinquance, apportent aide et assistance, veillent à la tranquillité de l'ordre public.
- La police judiciaire lutte contre le crime organisé (stupéfiants, banditisme, prostitution, etc.).
- Les renseignements généraux recherchent et centralisent des informations à l'attention du gouvernement.
- Les compagnies républicaines de sécurité assurent le maintien de l'ordre public, la sécurité des réseaux autoroutiers et participent aux missions de secours dans les massifs montagneux.
- La direction centrale du contrôle de l'immigration et de la lutte contre l'emploi des clandestins surveille la circulation transfrontalière.
- La direction de la surveillance du territoire prévient et neutralise les actions des services de renseignements étrangers sur le territoire national.
- La police technique et scientifique effectue des missions d'expertise et d'investigation dans le cadre des procédures judiciaires.
- Le service de protection des hautes personnalités se charge de la sécurité de ces dernières en France et à l'étranger.

Depuis la réforme de 1995, la police nationale s'articule autour de trois corps de métiers : le corps de maîtrise et d'application, composé des gardiens de la paix et des gradés (brigadiers de police et brigadiers majors), le corps de commandement et d'encadrement composé des officiers de police (lieutenants, capitaines et commandants) et le corps de conception et de direction composé des commissaires.

- Pour tout savoir sur les concours d'entrée dans la police : direction de l'administration de la police nationale, bureau de recrutement, 73, rue Paul-Diomède, BP 144, 63020 Clermont-Ferrand cedex 02, tél. 04.73.19.52.00. Internet : www.interieur.gouv.fr

À lire dans la collection « Les Guides de l'Etudiant »

- *Les Métiers de la sociologie.*
- *Que faire avec des études littéraires ?*
- *Les métiers du marketing et de la publicité.*

Pour plus de renseignements

- Anvie (Association nationale pour la valorisation interdisciplinaire de la recherche en sciences de l'homme et de la société auprès des entreprises), 54, bd Raspail, 75006 Paris, tél. 01.49.54.21.16.
- Anvar (Agence nationale pour la valorisation de la recherche) : délégation Île-de-France, 15, cité Malesherbes, 75009 Paris, tél. 01.44.53.76.00. Internet : www.anvar.fr
- Association nationale du marketing, 221, rue Lafayette, 75010 Paris, tél. 01.40.38.97.10.
- Société française des urbanistes, 39, rue Pernety, 75014 Paris, tél. 01.45.39.69.53.
- Union fédérale des enquêteurs de droit privé. Allô détective, tél. 01.45.22.22.22 ou 08.36.29.00.39.
- Institut médico-légal, préfecture de police, 2, place Mazas, 75012 Paris, tél. 01.44.75.47.00.
- IHESI (Institut des hautes études de la sécurité intérieure), 19, rue Peclet, 75015 Paris, tél. 01.53.68.20.00.

CONTRÔLER

• Inspecteur des installations classées

Chargé de surveiller les sites industriels en activité afin d'éviter les risques de pollution, il veille au respect de la réglementation en matière de protection de l'environnement. En cas d'infraction, il peut verbaliser ou imposer des sanctions administratives. Mais c'est également un conseiller. Il travaille essentiellement au sein des directions régionales de l'industrie ou des directions départementales de l'agriculture.

Connaissances techniques, rigueur, mais aussi tact pour une meilleure efficacité !

Le mieux est de passer par une école d'ingénieurs, même généraliste.

• Correcteur

Employé au sein d'une maison d'édition, il relit les manuscrits, vérifie l'orthographe, traque l'erreur grammaticale, le non-sens et veille au respect des règles typographiques avant l'impression définitive.

Esprit critique, connaissance irréprochable de la langue française, bonne culture générale.

Études universitaires générales + certificat d'un organisme de formation aux métiers du livre.

• Testeur

Parcourir indéfiniment un jeu ou un programme éducatif, vérifier les images... Dialogues inaudibles ou fautes d'orthographe, rien ne doit lui échapper. Il travaille avec les développeurs et peut collaborer à des magazines spécialisés et rédiger un article ou une critique à propos d'un jeu.

Concentration, méthode, sens du détail et sens critique. Rapidité d'analyse.

Pas de diplôme spécifique, mais de la passion et une maîtrise de l'informatique indispensables !

• Inspecteur de l'Éducation nationale

Chargé d'assurer l'évaluation des professeurs et des directeurs d'écoles, de collèges et lycées, il veille également à leur formation continue et au respect des textes ministériels.

TÉMOIGNAGE

LUCILE, CONTRÔLEUR DES IMPÔTS

Beaucoup de ceux qui exercent ce métier n'osent pas avouer leur profession, de peur qu'on se moque d'eux. Lucile raconte : « Évidemment, ce n'est pas un métier que l'on exerce par vocation, mais par hasard ou nécessité. Moi, je voulais travailler. Alors après le bac, j'ai tenté le concours d'entrée aux impôts, et voilà ! Mais je ne suis pas une "fliquette" qui jubile à l'idée de saigner de pauvres contribuables...

« Certes, je traque la fraude, mais d'emblée je crois plutôt en la bonne foi des personnes que je convoque après avoir constaté une anomalie sur leur déclaration. Je cherche à savoir d'où vient l'erreur. Et j'ai raison car, si certains trichent délibérément, la plupart se trompent par manque d'information ou par inattention ! Ce ne sont pas les gens fortunés qui fraudent le plus. Ou alors, ils le font tellement bien que cela passe à l'as.

« Ce métier n'aurait rien d'intéressant s'il ne s'agissait que de contrôler bêtement. Moi, je passe la moitié de mon temps en rendez-vous avec des contribuables. Certains m'appellent désormais régulièrement dès qu'ils ont un doute en remplissant leur déclaration fiscale. Quatre fois par an, je me rends également dans les mairies afin de guider les contribuables dans la façon de remplir leur feuille d'impôts. C'est presque du social ! On rencontre des gens vraiment modestes qui ne savent ni lire, ni écrire. J'ai sincèrement envie d'éviter à ces personnes d'être coincées ! »

Sens du contact, pédagogie et excellente connaissance des programmes.

Cinq ans d'ancienneté en tant qu'enseignant + formation spécialisée en deux ans.

• Ingénieur sécurité en informatique

Il met en place des procédures d'accès et de contrôle du système informatique de l'entreprise pour laquelle il travaille. Il doit, par exemple, éviter le détournement des fichiers, le vol ou le sabotage du matériel. Il travaille en étroite collaboration avec la direction générale et initie le personnel au respect des « stratégies de sécurité ».

Sens de la communication et de la pédagogie, solides connaissances en informatique, rigueur.

Bac+4 + expérience préalable comme chef de projet en informatique.

➥ **Mais aussi :** ingénieur sanitaire, inspecteur des douanes, inspecteur à la direction de la répression des fraudes, agent d'intervention en milieu nucléaire.

POUR ALLER PLUS LOIN

À lire dans la collection « Les Guides de l'Etudiant »

- *Le Guide des concours de la fonction publique.*
- *Métiers et formations de l'informatique.*

Concevoir

• Concepteur multimédia

Il élabore des scénarios de CD-Rom (ludique, éducatif, encyclopédique...) ou des programmes interactifs à utiliser sur un ordinateur ou sur un téléviseur. Une fois l'idée lancée, il collabore avec des graphistes, des musiciens, des designers afin de réaliser son projet. Il travaille pour un éditeur spécialisé, pour des sociétés de communication et des instituts de formation.

Créativité, maîtrise des techniques du multimédia, esprit d'équipe.

MST en communication audiovisuelle, formation aux métiers de l'image et du son à la FEMIS.

• Concepteur-rédacteur

Au sein d'une agence de pub, il invente des slogans ayant pour but de sensibiliser les consommateurs, d'attiser leur curiosité et de faire en sorte qu'ils achètent le produit vanté. Il doit ensuite adapter ces slogans en fonction des différents supports publicitaires.

Imagination, psychologie, sens de la vente et capacité à saisir « l'air du temps ».

Études supérieures en communication ou bien en sciences sociales.

• Paysagiste

Le paysagiste est un architecte des jardins et des espaces verts. Il conçoit des décors à base d'arbres, de fleurs et d'éléments naturels pour des parcs, des squares, des jardins d'école, etc. Il s'occupe de contacter les entreprises chargées d'exécuter ses plans et négocie les meilleurs devis. Enfin, il assure le suivi des travaux de réalisation et d'entretien.

Goût pour les travaux de plein air, un certain sens artistique, être créatif et imaginatif.

BTSA aménagements paysagers et/ou école spécialisée qui délivre une formation en quatre ou cinq ans.

ZOOM

L'AUDIOVISUEL

Le cinéma va mieux, tant mieux ! Néanmoins c'est surtout l'augmentation constante des chaînes de télévision (chaînes numériques herziennes, câblées ou par satellite) qui fait que le secteur de l'audiovisuel connaît une forte croissance. De fait, les recrutements sont en hausse d'autant que l'application des trente-cinq heures et la moyenne d'âge plutôt élevée des techniciens et du personnel d'encadrement dans les chaînes publiques devrait générer de nouveaux emplois.

Des profils polyvalents. Les nouvelles chaînes de télévision ont besoin de journalistes polyvalents, capables de réaliser et de monter eux-mêmes leurs sujets. Par ailleurs, le regain d'intérêt pour le cinéma d'animation favorise l'emploi de jeunes diplômés spécialistes de l'image de synthèse, de dessinateurs, d'animateurs, etc.

La porte étroite. S'il fait rêver, l'audiovisuel n'en reste pas moins un secteur ingrat. Les candidats se bousculent au portillon, la concurrence est dure et l'erreur souvent fatale ! En outre, en dehors du secteur public, les emplois demeurent le plus souvent précaires. Certes, les salaires peuvent sembler élevés... à condition de ne pas compter ses heures !

Sources : Le Guide des métiers 2001, *hors-série du mensuel* l'Etudiant.

• Styliste de mode

Il doit d'abord définir une tendance, puis choisir les couleurs et les matières correspondant à la nouvelle collection qu'il souhaite créer. Il dessine ensuite plusieurs modèles, choisit les meilleurs et les fait réaliser par les modélistes. Il procède aux retouches, supervise les défilés et conseille les clients.

Imagination, dextérité, bonne connaissance de l'histoire de la mode, ténacité.

BTS stylisme de mode, écoles de stylisme-modélisme + formation complémentaire en modélisme pour être polyvalent.

• Illustrateur

Il est chargé d'animer un article, une couverture de magazine, un livre pour enfants ou encore une publicité, etc. Quoi qu'il en soit, il doit savoir coller au texte, traduire un message en quelques coups de crayon. La plupart des illustrateurs se spécialisent en fonction de leurs goûts et de leurs aptitudes soit dans la presse, soit dans la pub, la BD ou la mode, etc.

Originalité, rapidité, finesse d'esprit et, bien sûr, maîtrise parfaite du dessin et de ses techniques.

Licence ou maîtrise d'arts plastiques, diplôme des Beaux-Arts ou d'une autre école d'art.

➥ **Mais aussi :** preneur de son, monteur, maquettiste, designer industriel, architecte, promoteur, chef de projet.

Réaliser

• Décorateur

Chargé d'élaborer un décor suivant les consignes de ses clients, il est souvent spécialisé dans un domaine (arts de la table, théâtre) ou détenteur d'un savoir-faire (mosaïste, peintre au pochoir). Il choisit les matériaux appropriés à ses réalisations, mais collabore avec les architectes d'intérieur.

Créativité, esprit d'équipe, excellente maîtrise du travail manuel.

BTS architecture d'intérieur ou plasticien de l'environnement architectural + spécialisation.

• Analyste-programmeur

Il compose et structure des programmes informatiques élaborés par le chef de projet en fonction des besoins des utilisateurs. Il assure ensuite

TÉMOIGNAGE

CRÉER, C'EST MAÎTRISER SON ŒUVRE

Qu'ils soient architecte, chef de projet ou illustrateur, Louise, Georges et Hervé exercent des métiers qui peuvent s'avérer parfois contraignants, mais qui sont, sans nul doute, toujours passionnants et créatifs.

• **Hervé, illustrateur :** « Travailler dans la publicité est terriblement astreignant. Il faut dessiner la tasse à café et la boule de glace exactement comme on vous le demande. Je me sens plus libre dans la presse. »

• **Georges, chef de projet informatique :** « J'ai débuté chez IBM. Je commençais fort ! Pourtant, "l'esprit maison" que se doit d'avoir chaque employé ne me convenait pas vraiment. Je suis parti, sans même avoir assuré mes arrières. Heureusement, j'ai retrouvé facilement du travail. Pendant deux ans, j'ai exercé au sein d'une société de services. Tous les six mois, je mettais sur pied un projet différent. Aujourd'hui, me voilà directeur de projet à la direction informatique du Crédit Lyonnais. C'est une profession autant relationnelle que créative. J'écoute les besoins de mes clients – les collaborateurs du service des ressources humaines du groupe bancaire auquel j'appartiens – puis j'élabore une proposition de projet. Une fois l'idée acceptée, je retraduis cette proposition en langage informatique. Je définis les plannings, coordonne les travaux, assure le suivi technique et financier. Enfin, j'organise un plan de formation pour les futurs utilisateurs. »

• **Louise, architecte :** « Imaginer un bâtiment n'est pas un simple délire créatif. Nous avons des contraintes techniques et financières et des responsabilités. S'il y a une fuite ou que la peinture s'écaille, on nous tombe immédiatement dessus ! »

le contrôle et les tests de ces logiciels, rédige les notices à l'attention des utilisateurs. Il doit se former en permanence.

Esprit méthodique, capacité à se mettre au même niveau que l'utilisateur.

DUT informatique, maîtrise MIAGE (méthodes informatiques appliquées à la gestion des entreprises), DESS génie informatique.

Fabriquer

• Technicien de formulation

Il est chargé, par exemple, de suivre le processus d'élaboration d'un produit cosmétique ou textile suivant la formule chimique proposée par un ingénieur. Il exerce différentes manipulations pour vérifier la stabilité et la compatibilité des produits utilisés et s'assure que l'ensemble donnera bien les résultats attendus (un rouge à lèvres à la texture légère et nacrée...) et s'adaptera aux contraintes de fabrication.

Intuition, logique et grande précision pour ne pas faire d'erreur pendant les manipulations.

Bac scientifique + diplôme de conducteur d'appareil d'industrie (en trois ans), ou BTS ou DUT en chimie.

• Développeur

Une chaîne hôtelière ou un réseau de supermarchés peuvent, par exemple, lui demander de trouver un emplacement pour la construction d'un nouveau complexe. Après avoir cherché puis étudié plusieurs implantations, il choisit la plus appropriée aux exigences de son client, de la région, aux impératifs de construction, puis il convainc et négocie avec les propriétaires. Il travaille généralement au sein des services immobiliers des grosses sociétés commerciales ou industrielles.

Mobilité, grand sens du commerce, finesse psychologique, esprit rapide.

École de commerce, maîtrise ou DESS de droit immobilier + expérience.

• Logisticien dans l'humanitaire

Il doit être capable de tout faire. Dans l'humanitaire, on peut lui demander n'importe quoi, souvent dans l'urgence : obtenir un stock de vaccins, creuser un puits, improviser un camp de réfugiés et gérer les stocks de nourriture. Il doit tout de suite savoir comment redresser la situation : qui contacter, comment rassembler les fonds nécessaires, par quel intermédiaire acheminer les marchandises attendues, etc.

Débrouillard, bricoleur, autonome, rapide, organisé. Bref, c'est l'homme de la situation.

École Bioforce, diplôme de l'IFAID (Institut de formation et d'appui aux initiatives de développement Aquitaine).

• Prothésiste dentaire

Il exécute ou répare des prothèses en fonction des données communiquées par le dentiste et par son client (matériaux, couleurs, etc.). Il exerce à l'hôpital, en indépendant ou encore dans un cabinet. Il n'est jamais au contact de la clientèle.

Dextérité, rigueur, capacité à exécuter les plans du dentiste. Il intervient sur toute la chaîne de fabrication de la prothèse.

CAP de prothésiste dentaire accessible après la troisième ainsi qu'en apprentissage.

• Outilleur

Il travaille dans l'industrie et met au point tous les outillages nécessaires à la confection d'une pièce en série : moules, matrices, poinçons, etc.

Précision, rapidité, capacité à lire et à exécuter les plans des ingénieurs.

CAP (selon spécialité), BEP outillages, BTS études et réalisation d'outillages de mise en forme des matériaux.

• Costumier

Il réalise les vêtements d'après les patrons transmis par le modéliste. Lorsqu'il travaille pour le cinéma, le théâtre ou les musées nationaux, les costumes doivent respecter le contexte historique, être exécutés dans les tissus de l'époque, etc. Le costumier doit donc effectuer tout un travail de documentation et de recherche. Par ailleurs, il doit bien connaître l'histoire de la mode.

Minutie, sens esthétique, bonne culture générale et cinématographique.

BTS stylisme de mode, diplôme de l'ENSATT (École nationale supérieure des arts et techniques du théâtre)...

Patrick, Michel et les autres

Ils sont ingénieur du son, costumière ou designer. Leur point commun : ce sont tous des créateurs.

• **Patrick, ingénieur du son :** « C'est un métier sans horaires. La journée commence à neuf heures et peut se terminer le lendemain. Le client qui paye 1 000 F l'heure de studio ne part qu'une fois le travail achevé. »

• **Michel, designer industriel :** « On ne me demande pas de maîtriser à 100 % la technique du produit réalisé, mais d'avoir la capacité de synthèse nécessaire pour la comprendre et apporter des solutions. Et puis, dialoguer avec des ingénieurs requiert quand même un minimum de technique ! »

• **Christelle, costumière :** « Il faut avoir suffisamment d'intuition pour interpréter la vision du créateur, être souple, accepter de changer un modèle au dernier moment, le tout sans réelle contrepartie financière ! »

• **Sara, créatrice de chapeaux :** « Un jour, j'en ai eu assez des petits boulots. J'ai décroché mon téléphone et cent fois j'ai répété la même phrase : "Je sais juste un peu coudre, mais j'ai vraiment envie d'apprendre à faire des chapeaux. Pourriez-vous me prendre en stage ?" Et ça a marché ! Pendant plus d'un an, j'ai travaillé dans différents ateliers sans être rémunérée, mais mon métier me passionnait enfin ! Aujourd'hui, je travaille comme une folle, mais je n'abandonnerais pour rien au monde. Créer un chapeau a quelque chose de magique. D'un petit bout de tissu, on arrive à une sculpture qui prend forme et vie sur une tête ! »

➡ **Mais aussi :** les métiers du bâtiment, les métiers paramédicaux (opticien, podologue), réalisateur, chef opérateur, scénographe.

Travailler dans l'artisanat d'art

• Céramiste

De son imagination et de sa pâte naissent carrelages, assiettes, plats et autres objets destinés aux arts de la table. Du dessin au prototype, moulage, coulage, estampage, tournage n'ont plus aucun secret pour lui. Il supervise également la cuisson des objets, procède à leur émaillage et à leur décoration. Ce sont les entreprises de céramique ou de verrerie industrielles qui offrent le plus de débouchés.

Sens artistique, imagination créative, habileté manuelle, savoir-faire pour le dessin et la fabrication d'objets.

CAP de tourneur en poterie, BMA, BTS art et céramique, DMA à l'École Duperré à Paris.

• Ébéniste

Il restaure ou réalise des meubles. Croquis en main, il choisit les outils qui lui semblent le mieux adaptés aux gestes qu'il devra accomplir. Il travaille en collaboration avec d'autres artisans comme les sculpteurs, les doreurs ou les marqueteurs, etc.

Créativité, minutie, adresse. Connaissances en dessin et en histoire de l'art.

CAP, BM, DMA (diplôme des métiers d'art), diplôme de l'École Boulle (école d'art), à Paris.

• Luthier

Il faut au moins un mois pour faire un violon pour lequel 80 pièces sont nécessaires ! La connaissance des bois est donc fondamentale. Il doit en outre avoir de bonnes notions musicales. La pratique d'un instrument à corde est d'ailleurs obligatoire pour se lancer dans ce type d'études. Et pour cause : l'artisan va être amené à côtoyer des musiciens. Pas question de négliger leur sensibilité, il faut être en mesure d'effectuer les réglages nécessaires à une sonorité parfaite !

Connaissance des bois, finesse de l'oreille, sensibilité artistique et pratique obligatoire d'un instrument à corde.

CAP lutherie, CAP ouvrier archetier, BT et DMA facture instrumentale.

Pour retrouver rapidement un métier ou un secteur, consultez les index en fin d'ouvrage.

TÉMOIGNAGE

Sylvain, ébéniste

À l'heure où les petits métiers artisanaux ont tendance à disparaître, Sylvain, qui a la chance de travailler dans une entreprise qui tourne bien, nous parle de son métier d'ébéniste. « Je crois que j'ai aussi provoqué la chance. D'abord en continuant mes études après le CAP afin d'avoir un BMA, puis en acceptant de partir à Londres dans une société de fabrication de meubles contemporains. Là, j'ai réalisé que je préférais travailler sur des créations que dans la restauration. Même si les gestes sont souvent semblables, les techniques et les outils diffèrent parfois, le style des meubles aussi ! Cette variété contrebalance un peu la rigueur du métier.

« Car l'ébénisterie, c'est passionnant, mais difficile. On reste debout pendant des heures en respirant la poussière qui se dégage des pièces de bois que l'on travaille. Mais, d'un autre côté, c'est magique de transformer de simples planches en commode, armoire, etc. Et tout ça à partir d'un plan ! Il ne faut donc pas se tromper dans les dimensions ; on ne triche pas avec le bois. Le fignolage me plaît aussi, comme par exemple assembler une à une toutes les pièces d'un tiroir en respectant des techniques traditionnelles, fixer une poignée. L'ébénisterie exige beaucoup de minutie, de patience. J'ai du coup bien du mal à voir partir un meuble. Mais lorsque je vois le client tourner autour, le toucher, je suis fier. "Contenter l'œil" est d'ailleurs la devise de notre métier ! »

• **Tailleur de pierre**

On les imagine s'appliquant à remettre à neuf les façades d'une cathédrale ou d'un château, s'efforçant à petits coups de massette de redonner à la pierre la forme d'un visage, d'une fleur... Pourtant, nombre d'entre eux travaillent plutôt dans de petites entreprises du bâtiment et de la décoration. On les embauche pour façonner des produits grand

ZOOM

L'ARTISANAT D'ART

Les métiers de l'artisanat sont nombreux et variés. Et même si le travail manuel n'est pas toujours valorisé, il existe de nombreux créneaux pour lesquels il sera toujours indispensable de faire appel à des professionnels au doigté inimitable. Notamment lorsqu'il s'agit de la restauration du patrimoine mobilier et immobilier, particulièrement riche en France. D'autre part, au gré des modes, certains métiers connaissent un regain d'intérêt, comme, par exemple, la ferronnerie d'art ou encore le travail du verre.

Enfin, creuset des savoir-faire traditionnels, les métiers de l'artisanat d'art n'excluent pas l'innovation. Parce que de jeunes artisans passionnés ont su faire évoluer leur art, la sculpture sur bois est en ce moment en pleine expansion.

Des débuts difficiles. Néanmoins, devenir maître de son art et surtout en vivre n'est pas chose facile. Les salaires sont rarement à la hauteur de l'expérience et du tour de main nécessaires. De surcroît, s'installer à son compte nécessite de bonnes capacités de gestionnaire et de savoir prospecter de nouveaux marchés.

Le CAP reste une clef d'entrée dans la profession, mais ne suffit plus. De nombreux diplômes permettent d'évoluer plus facilement, en particulier ceux des quatre écoles supérieures d'arts appliqués parisiennes, Boulle, Olivier de Serres, Duperré et Estienne, mais la sélection à l'entrée est là très sévère.

Sources : Le Guide des métiers 2001, hors-série du mensuel l'Etudiant.

TÉMOIGNAGE

EDGAR, RELIEUR

Pour Edgar, le métier de relieur est une vraie vocation : « J'ai toujours adoré les livres et cette idée de métier m'est venue très tôt. Un artisan relieur qui travaillait près de chez mes grands-parents m'avait reçu dans son atelier et avait fini par me donner le virus !

« Durant mon CAP, je ne me suis pas ennuyé, mais c'est en arrivant sur le terrain que j'ai vraiment eu l'impression d'apprendre ce métier. Seulement voilà ! Il fallait travailler en atelier près de dix heures par jour pour un salaire dérisoire et ce, aux côtés d'artisans qui n'avaient pas toujours l'envie de transmettre leur savoir-faire. Mais bon, je m'en suis remis.

« Installé à mon compte depuis huit ans, je savoure chaque jour la richesse de ce métier. Relier à la main, suivant des méthodes traditionnelles : travailler la toile, le carton, le cuir, la "pleine peau", être toujours en contact avec la matière. Magnifier le livre a quelque chose d'émouvant. La relation avec les clients aussi. De plus en plus de particuliers viennent me trouver pour remettre à neuf leur livre fétiche, celui de leur enfance, ou encore un ouvrage de collection. On parle, on s'égare dans leur histoire.

« En plus de la reliure classique, j'ai appris la restauration, cela me permet de diversifier mes activités. Comment envisager l'avenir ? Je ne sais pas. L'arrivée des CD-Rom, du multimédia m'arrachera peut-être une partie de mon travail. Pour le moment, je préfère ne pas y penser. »

public. Par exemple, des balustrades de jardins, une ornementation de cheminée, une baignoire de marbre, etc.

Excellente condition physique (le tailleur de pierre travaille debout, souvent à genoux ou penché).

CAP + mentions de graveur sur pierre ou de façonnier de cheminée ou bac professionnel artisanat et métiers d'art...

• Vitrailliste

Selon son niveau de qualification, il peut être amené à dessiner un projet de vitrail ou à exécuter la maquette proposée, à réparer un vitrail sous les consignes d'un restaurateur. Il indique les couleurs, découpe les feuilles de verre, les peint, les assemble, etc. Un sens artistique s'impose.

Connaissances techniques, historiques, artistiques. Extrême habileté et grande polyvalence.

CAP arts du verre, option vitrailliste. DMA décor architectural option vitrail, équivalant à un bac+2.

• Mosaïste d'art

Il se sert de fragments de matériaux (verre, émaux, galets, etc.) qu'il assemble pour former le décor d'une fontaine, revêtir le sol d'une pièce ou encore pour reconstituer une fresque. Dans tous les cas, il doit s'inspirer du lieu, tenir compte du goût des clients, dompter les couleurs et les matières, jouer avec les transparences... C'est un artiste à part entière.

Connaissances en histoire de l'art et en peinture, goût pour la recherche, habileté.

École Duperré ou Olivier-de-Serres, à Paris, diplôme de l'Institut français de restauration des œuvres d'art.

• Tapissier d'ameublement

Il habille, recouvre et rembourre les fauteuils, les chaises, les canapés. Son souci ? Le confort et l'esthétique du siège, mais aussi le respect du style et des matériaux d'origine. Il travaille en indépendant ou au sein d'entreprises de restauration ou de fabrication en série. Cette profession évolue de plus en plus vers les activités de décoration : pose de tentures murales, conception de décors, etc.

Connaissances impératives en histoire de l'art, dextérité, imagination, savoir harmoniser les couleurs.

CAP tapisserie d'ameublement, bac professionnel artisanat et métiers d'art, DMA (Diplôme des métiers d'art), École Boulle à Paris.

➥ **Mais aussi :** graveur taille-doucier, sculpteur sur bois, sellier, bronzier, doreur sur bois, souffleur, etc.

À lire dans la collection « Les Guides de l'Etudiant »

- *Les Métiers de l'audiovisuel.*
- *Métiers et formations de l'informatique.*
- *Les Métiers de la mode.*
- *Les Métiers du luxe.*
- *Les Métiers de la création.*
- *Les Métiers du multimédia.*
- *Les Métiers du marketing et de la publicité.*
- *Bien choisir son école d'art.*
- *Les Métiers de l'artisanat.*

Pour plus de renseignements

- Syntec informatique (syndicat des SSII), 3, rue Léon-Bonnat, 75016 Paris, tél. 01.44.30.49.70. Internet : www.syntec-informatique.fr
- Fédération nationale des syndicats des architectes d'intérieur, 14, rue Fontaine, 75009 Paris, tél. 01.40.16.15.55. Internet : www.fnsai.com
- Société d'encouragements aux métiers d'art (SEMA), 23, avenue Daumesnil, 75012 Paris, tél. 01.55.78.86.08.
- Union des industries chimiques, 14, rue de la République, 92800 Puteaux, tél. 01.46.53.11.00.
- Fédération française de la couture, du prêt-à-porter, des couturiers et des créateurs de mode, 100, rue du faubourg Saint-Honoré, 75008 Paris, tél. 01.42.66.64.44. Internet : www.modeaparis.com
- Fédération française du bâtiment, 7-9, rue La Pérouse, 75016 Paris, tél. 01.40.69.51.00. Internet : www.ffbatiment.fr

DIVERTIR

Distraire

• Chorégraphe

Chargé de créer des spectacles, il en choisit les thèmes, la musique, les décors, les costumes et les éclairages mais, surtout, invente chacune des figures exécutées.

Être un excellent danseur, imagination, sens de l'organisation et des relations humaines.

École de l'Opéra, conservatoires régionaux, quelques filières universitaires.

• Auteur-scénariste multimédia

Il crée des jeux ou des CD-Rom éducatifs en imaginant des histoires, des personnages, des décors. Il écrit les textes, mais travaille aussi sur l'iconographie et sur le son. Il doit également déterminer le mode de navigation ainsi que l'architecture multimédia... sans jamais perdre de vue l'interactivité.

Imagination débordante, sens aigu de la pédagogie, grande rigueur.

Pas de parcours spécifique, mais une expérience dans le cinéma, la télévision, voire la BD est la bienvenue.

• Animateur socioculturel

Il organise des activités (dessin, théâtre, etc.) pour le compte de centres de loisirs ou d'associations de prévention de la délinquance. Il éduque, motive et épaule les jeunes en difficulté pour favoriser leur insertion.

Maîtrise d'une ou plusieurs techniques, aisance dans les contacts, imagination.

BAFA (brevet d'aptitude) ou DEFA (diplôme d'État aux fonctions d'animation).

• Animateur nature

C'est à la fois un pédagogue et un guide touristique, chargé de sensibiliser le grand public à la protection de l'environnement. Il peut être amené à organiser différentes manifestations dans les écoles comme

TÉMOIGNAGE

MICHEL, MARIONNETTISTE

Est-ce que ce métier s'apprend ? Un peu. L'école de Charleville-Mézières, par exemple, est donc une bonne initiative. Cependant, comme nous le confirme Michel, c'est un métier qui, avant tout, se ressent !

« Pour exercer ce métier, il faut "l'avoir dans les tripes". Mes parents étaient eux-mêmes marionnettistes et toute mon enfance, j'ai assisté à la création des spectacles. Quand il manquait une main, j'étais cette petite main ! Aujourd'hui, ma compagnie et moi créons tous nos spectacles et fabriquons nos marionnettes. Je les préfère à main, c'est une question de sensualité. Je n'aurais pas le même contact avec une marionnette à fils. Là, je fabrique chaque fois l'enveloppe en fonction d'une sensation (le bois, le latex, le tissu) et je lui donne une conscience ! J'aime les personnages profonds, sensibles, nuancés, parce qu'on n'est jamais tout noir ou tout blanc ! Ce qui est exaltant, c'est la rencontre avec le public, surtout avec les enfants.

« Mais la concurrence dans ce métier est assez rude et on consacre 60 % de notre temps à la gestion, au démarchage, au suivi des contacts. On joue avec nos propres billes, alors on n'a pas vraiment le droit à l'erreur ! »

des projections de films ou encore des visites de parcs et jardins, d'expositions florales. Organiser et animer un séjour au bord de la mer, une virée en forêt, visiter une station de pompage, etc. Il peut également initier les adultes à l'ornithologie, organiser des randonnées à thème, etc.

Sens de la communication, imagination, pédagogie : savoir éveiller la curiosité et transmettre des connaissances.

Bac ou niveau bac, ou bien un BTSA gestion et protection de la nature...

• Conférencier de musée

Il exerce uniquement dans l'un des 33 musées nationaux français. Il est incollable dans sa spécialité (peinture, sculpture, etc.) et doit donc pouvoir répondre à toutes les questions des visiteurs, mais aussi commenter les œuvres qu'ils sont venus observer, détailler la technique artistique de telle période en peinture ou encore l'évolution de l'œuvre de tel peintre. Ses commentaires doivent être techniques et précis, ce qui n'exclut pas une note d'humour, même lorsqu'il s'agit de s'exprimer dans une langue étrangère !

Connaissance pointue en art, être captivant, se mettre à la portée de tous, parler plusieurs langues.

Licence d'histoire de l'art, diplôme de l'École du Louvre + formation de dix mois à la RMN (Réunion des musées nationaux).

➥ **Mais aussi :** comédien, animateur radio, marionnettiste, illustrateur, et tous les métiers du spectacle.

Organiser

• Forfaitiste ou chef de produit

Il travaille pour un tour-opérateur pour lequel il imagine une idée de voyage puis se rend sur place pour vérifier que tout ce qu'il prévoit est réalisable (transports, hébergement, circuit, guides locaux, etc.). Il sélectionne ensuite les meilleures prestations et se charge de toute l'organisation des séjours.

Créativité, sens du commerce et des relations, goût pour les déplacements, maîtrise de l'anglais.

École de commerce, BTS vente et production touristique (remplace depuis 2000 le BTS tourisme et loisirs option conception commercialisation).

• Responsable des affaires culturelles

Il participe à la définition de la politique culturelle d'une ville ou d'une entreprise, négocie les budgets avec les différents partenaires et les met en relation afin de monter de nouveaux projets d'activités.

Diplomatie, sens de la gestion, capacités d'innovation, et capacité de négociation.

Licence, maîtrise arts ou lettres, mention médiation culturelle, DESS métiers de la culture.

PORTRAIT

SERGE, ORGANISATEUR DE VOYAGES

Serge est responsable du département « itinérances » d'un organisme de séjours linguistiques. « Je suis un pro du fax, dit-il. Il m'arrive, bien sûr, de me déplacer, ne serait-ce que pour identifier les contraintes liées à la géographie, à la culture ou au régime politique des pays dans lesquels nous proposons des séjours, mais je passe les trois quarts de mon temps derrière ce bureau. »

Sédentaire, il n'en demeure pas moins proche du terrain. Il travaille en relation avec les accompagnateurs qui lui rendent compte des critiques et des suggestions des touristes. Il prospecte auprès des associations sportives implantées dans les différents pays, etc.

« Dans quelques années, la progression des techniques de communication et des systèmes d'information nous permettra d'être plus rapidement renseignés sur l'évolution des marchés touristiques et les attentes de la clientèle. Pour trouver des idées, je regarde ce que propose la concurrence, je consulte les offices de tourisme. Avoir un carnet d'adresses gros comme ça est indispensable. »

Serge doit également être un peu logisticien, connaître tous les tarifs aériens, négocier au plus juste, être capable de modifier un projet et tenir compte des contraintes économiques. « Parce qu'une destination à la mode n'est pas forcément adaptée à tous les types de circuits. » Serge reconnaît aussi que son métier requiert une grande disponibilité, une forte capacité d'adaptation et beaucoup de rigueur.

- **Directeur de centre de loisirs**

Il conçoit des programmes de vacances et de loisirs tout en gérant le personnel et en veillant à la mise en place de nouveaux équipements, à l'entretien ou à la réorganisation des locaux.

Rigueur, sens du contact et de l'animation avec les enfants, mais aussi curiosité et imagination.

Licence STAPS (sciences et techniques des activités physiques et sportives) + formation en animation.

• Agent artistique

Il met son (ou sa) protégé(e) (chanteur, comédien, mannequin...) en rapport avec les réalisateurs, les metteurs en scène ou encore les producteurs, les directeurs de castings, etc. Bref, avec tous ceux qui sont susceptibles de faire avancer une carrière artistique. C'est lui aussi qui est chargé de filtrer les demandes d'interview ou de participation de l'artiste à telle ou telle manifestation. Son objectif est de « vendre » l'artiste tout en protégeant son image.

Disponibilité, patience, diplomatie, auxquelles s'ajoutent culot et subtilité.

Aucun diplôme en particulier, mais une très bonne connaissance du monde du spectacle et un gros carnet d'adresses !

➥ **Mais aussi :** guide de haute montagne, directeur de l'hébergement, directeur de MJC.

POUR ALLER PLUS LOIN

À lire dans la collection « Les Guides de l'Etudiant »

- *Les Métiers de la scène et du spectacle.*
- *Les Métiers du sport et des loisirs.*
- *Les Métiers du tourisme et de l'hôtellerie.*
- *Les Métiers avec des enfants.*

À lire également

- *Le Guide du comédien,* éditions Puits Fleuri.

Pour plus de renseignements

- École supérieure nationale des arts de la marionnette, 7, place Winston-Churchill, 0800 Charleville-Mézières, tél. 03.24.33.72.50.

• Fédération française des maisons des jeunes et de la culture, 15, rue La Condamine, 75017 Paris, tél. 01.44.69.82.25. Internet : www.ffmjc.org

• ANPE du spectacle, 50, rue de Malte, 75011 Paris, tél. 01.53.36.28.28.

• Fédération nationale des guides-interprètes, 35, rue de Turbigo, 75003 Paris, tél. 01.44.59.29.15.

• Fédération nationale des offices de tourisme et syndicats d'initiative, 280, boulevard Saint-Germain, 75007 Paris, tél. 01.44.11.10.30. Internet : www.tourisme.fr

PRÉSERVER

Entretenir

• Restaurateur d'œuvres d'art

Il remet en état des tableaux, sculptures, éléments d'architecture, mais doit, au préalable, dater la pièce abîmée, identifier son style, diagnostiquer les raisons de sa détérioration et donc connaître les différents matériaux qui la composent. Il procède ensuite à sa restauration en restant fidèle à son esprit d'origine. Le restaurateur d'œuvres d'art travaille dans les musées nationaux, sur les chantiers de restauration ou pour une clientèle privée.

Dextérité, sensibilité artistique, connaissances historiques, goût pour la recherche.

Diplôme de l'IFROA (Institut français de restauration des œuvres d'art) ou MST spécialisée.

• Technicien de maintenance

Il assure l'entretien permanent des machines. Le rôle du technicien est d'abord de prévenir la panne, mais aussi de superviser le bon déroulement des réparations nécessaires avec son équipe d'agents de maintenance. En outre, il est chargé de la gestion du budget affecté à l'entretien de ses machines. Il travaille aussi bien dans l'industrie que dans le tertiaire (bureautique) ou les services après-vente (électroménager, etc.).

Goût de l'organisation, sens de l'observation, excellent esprit d'initiative.

Deux diplômes de niveau bac+2 : BTS maintenance, DUT maintenance industrielle.

• Mécanicien réparateur

C'est une sorte de médecin généraliste de l'automobile qui diagnostique les pannes et procède aux réparations nécessaires avec l'accord de son client. Il travaille en atelier mais se déplace pour les dépannages. Il peut être employé par une entreprise disposant d'un parc d'automobiles, chez un concessionnaire ou un garagiste.

Être rigoureux, savoir inspirer confiance et diagnostiquer rapidement les pannes.

CAP, BEP maintenance de véhicule, bac pro maintenance, bac STI génie mécanique.

• Mécanicien d'entretien d'avion

Comme son nom l'indique, il vérifie et entretient les différents équipements et les composants d'un avion afin de détecter d'éventuelles anomalies. Certaines vérifications s'effectuent quotidiennement, d'autres avant et après chaque vol ou encore de façon hebdomadaire. Chaque zone de l'avion (queue, ailes, soute, cabine) est donc confiée à une équipe de mécaniciens d'entretien spécialisés.

Précision, rigueur, facilité d'adaptation au travail en équipe, rapidité.

CAP, bac pro ou BTS relatif à la mécanique ou à l'électrotechnique.

➥ **Mais aussi :** accordeur de pianos, technicien télécom, réparateur de télé.

Sauvegarder

• Conservateur de musée

Responsable de l'acquisition, de la conservation et de la présentation des collections, le conservateur gère également le musée, dirige le personnel, recherche des financements et assure la promotion de son établissement.

Connaissances en histoire de l'art, archéologie, etc. Goût pour la recherche, sens de la gestion.

Bac+3 + concours + diplôme de l'ENP (École nationale du patrimoine). L'université propose des préparations aux concours.

• Archiviste

Il conserve des pièces écrites, des photos, des films, des disques pour le compte d'une collectivité, d'un musée, d'un ministère, etc. Il les collecte, les analyse, les classe. Dans certaines institutions, il accueille des chercheurs, des étudiants qu'il se charge d'orienter et de conseiller dans leurs recherches.

ZOOM

L'ENVIRONNEMENT

305 000 emplois sont liés au secteur de l'environnement, ce qui représente presque 2 % de la population active... Mais attention à ne pas confondre les métiers directement liés à la nature avec ceux qui relèvent du secteur de l'environnement. Si votre ambition est de préserver la flore ou d'être aux petits soins avec les animaux, regardez plutôt du côté des métiers de l'horticulture, de l'agriculture ou de l'aquaculture.

Des métiers urbains. Les emplois « verts » sont souvent sédentaires et localisés en ville. La plupart des postes se situent dans les domaines de la gestion de l'eau, du traitement des déchets et, dans une moindre mesure, de la lutte contre la pollution atmosphérique. De fait, les formations en chimie, biologie, hydrologie et mécanique sont les bienvenues, en particulier celles délivrées dans les écoles d'ingénieurs.

Attention, aux diplômés des filières spécialisées en environnement, les entreprises préfèrent parfois les diplômés en électromécanique, chimie, hydrologie, à qui elles font ensuite suivre une formation maison.

Sources : Le Guide des métiers 2001, hors-série du mensuel l'Etudiant.

Rigueur, esprit de synthèse, très bonne culture générale, connaissances historiques.

Bac + prépa littéraire + concours + diplôme de l'École nationale des chartes, puis de l'École nationale du patrimoine.

TÉMOIGNAGE

CHRISTOPHE, TAXIDERMISTE

Quel nom barbare pour un métier étrange, mais emprunt d'une certaine noblesse : celle de veiller à la conservation des espèces animales, notamment celles disparues ou en voie de disparition… une façon comme une autre d'entretenir la mémoire.

« Que ce soit la petite mémé qui fait naturaliser son chat ou le chasseur qui veut sa tête de chevreuil au-dessus de sa cheminée, la démarche est la même. Ce n'est pas l'animal qui les intéresse, c'est plutôt le souvenir qu'ils en ont ! Mais ici, au Muséum national d'histoire naturelle, nous redonnons à l'animal une expression naturelle afin que le public prenne conscience de son anatomie, de ses attitudes.

« Nous travaillons à l'aide de vidéos, de photos. Nous pouvons passer quatre ou cinq heures à étudier la position des ailes d'un oiseau par rapport à celle de son cou. Un travail que ne peut pas se permettre de faire un taxidermiste travaillant dans le privé. Cela lui ferait perdre trop d'argent ! C'est un métier passionnant, d'autant que nous disposons aujourd'hui de techniques et de matériaux nous permettant de réaliser de vrais petits chefs-d'œuvre.

« Je n'aurais pas pu exercer ce métier si je n'aimais pas les animaux. Je n'ai jamais trouvé cette démarche macabre. Sauf une fois peut-être : lorsque j'ai naturalisé mon premier animal. C'était un chat qu'un ami et moi avions trouvé écrasé sur la route. Nous avons pris des gants, des masques, comme de vrais chirurgiens ! Il nous a fallu la nuit entière pour réaliser seulement un tiers du dépeçage. Maintenant, après dix années de métier, cette opération me prend dix minutes ! »

• Ingénieur des eaux et forêts

Chargé de la préservation d'une zone boisée, il programme la coupe des arbres, décide des plantations, des travaux d'équipement et d'assainissement à réaliser, réglemente les cueillettes, etc. Il enquête donc sur le terrain, établit des rapports prévisionnels concernant l'avenir de sa forêt, gère les dépenses d'entretien et d'aménagement. Il travaille pour l'ONF (Office national des forêts) ou le ministère de l'Agriculture.

Organisation, goût pour la nature et les animaux, esprit de synthèse.

Bac + prépa scientifique + diplôme de l'ENGREF (École nationale du génie rural des eaux et des forêts) en trois ans.

• Responsable des déchets

C'est le « Monsieur propre » de l'industrie. À lui de veiller à ce que l'entreprise pour laquelle il travaille soit en règle avec les normes européennes, mais aussi produise le moins possible de déchets dont il se charge d'ailleurs d'organiser la collecte, le tri et le stockage. Mieux, il doit chercher des solutions pour que ces déchets rapportent de l'argent à l'entreprise : comment les recycler judicieusement, les brûler pour fabriquer de l'énergie ?

Bonne connaissance des procédés de fabrication, esprit d'initiative, sens de l'organisation.

Maîtrise en chimie appliquée, en biochimie ou encore en gestion et génie de l'environnement, diplôme d'ingénieur.

→ **Mais aussi :** acousticien, agent technique des parcs et réserves, conseiller en environnement, océanographe.

POUR ALLER PLUS LOIN

À lire dans la collection « Les Guides de l'Etudiant »

- *Les Métiers du patrimoine et de la culture.*
- *Les Métiers de l'artisanat.*
- *Les Métiers de l'environnement.*

À lire également

- *Guide de formation* de l'Association nationale pour la

formation automobile, 41, rue de la Garenne, BP 9301, 92315 Sèvres cedex, tél. 01.41.14.16.18.

Pour plus de renseignements

• Formations aux métiers de la culture, ministère de la Culture, département des études et de la prospective, 2, rue Jean-Lantier, 75001 Paris, tél. 01.40.15.73.00.

• Association française des ingénieurs et techniciens de l'environnement, 9, rue Rocroy, 75010 Paris, tél. 01.40.23.04.50. Internet : www.afite.org

• Centre national de documentation du patrimoine, 10, rue du Parc-Royal, 75003 Paris, tél. 01.40.15.73.00.

Travailler dans l'industrie

• Ingénieur des méthodes

Chargé de préparer la fabrication d'un produit, l'ingénieur des méthodes réfléchit aux équipements qui seront nécessaires, à leur installation et à leur coût. Il estime le temps d'exécution, le nombre de personnel impliqué et anticipe les contraintes liées à cette nouvelle production. Il travaille en collaboration avec les services de la maintenance, de la qualité et de la production. Trois à quatre années d'expérience en atelier sont nécessaires avant d'arriver à cette fonction.

Connaissances en productique, en informatique industrielle et en automatisme, rigueur.

DESS, diplôme d'une école d'ingénieurs, ou de l'ENSAM (École nationale supérieure des arts et métiers).

• Technicien supérieur en électronique

Il participe aux travaux d'études, de fabrication et de mise au point d'un prototype, en collaboration avec les ingénieurs électroniciens. Pour l'essentiel, sa tâche consiste à effectuer les essais en laboratoire et à interpréter les résultats obtenus avant d'entreprendre de rédiger des rapports sur la faisabilité du produit. C'est un poste important qui peut déboucher sur une carrière d'ingénieur.

Précision, rigueur, adaptabilité aux différents cas de figure qu'il peut rencontrer.

BTS électronique ou DUT génie électrique et informatique industrielle, option électronique.

• Plasturgiste

Les matières plastiques ont envahi notre vie quotidienne. La plasturgie tient donc une place prépondérante dans l'industrie et intègre tous les procédés de transformation et de production. De niveau CAP ou bac pro, le plasturgiste est essentiellement un conducteur de machine. De niveau BTS, il travaille notamment en bureau d'études, comme technicien de production ou technicien qualité. Il est capable d'intervenir sur toute la chaîne de production. L'ingénieur plasturgiste maîtrise,

ZOOM

L'INDUSTRIE

Certes, quelques secteurs industriels comme celui de la mine ne parviennent pas à refaire surface mais d'autres comme l'automobile et l'aéronautique ont aujourd'hui le vent en poupe. Globalement l'industrie française tire donc profit de la reprise de la consommation, sans compter que la réduction du temps de travail, tout comme la volonté de rajeunir les effectifs et de diversifier les profils de personnel génèrent des embauches.

Des postes à tous les niveaux. En ce qui concerne la production, les postes les plus répandus sont ceux d'opérateur, de technicien, d'ingénieur de production ou des méthodes. Côté distribution, on réclame des logisticiens. Enfin, le développement des systèmes automatiques de production offre des débouchés aux spécialistes de la maintenance.

Vive l'intérim et l'alternance. Si les ingénieurs boudent souvent l'industrie à cause de son image trop traditionnelle, on les y attend pourtant les bras ouverts. Quant aux techniciens et aux ouvriers, aussi très demandés, leur meilleure chance est de débuter dans le métier par l'intérim. L'industrie emploie en effet 52 % de la population intérimaire ! Voilà donc un bon moyen d'étoffer un CV et de montrer ses capacités d'adaptation et de polyvalence. Enfin, les formations en alternance sont une bonne porte d'entrée.

Source : Le Guide des métiers 2001, *hors-série du mensuel* l'Etudiant.

quant à lui, tous les aspects du processus de transformation. Il connaît tous les matériaux, toutes les nouvelles techniques, et il intervient de la conception à la réalisation du produit.

Autonomie, initiative, capacité d'adaptation et goût pour la recherche.

CAP, bac pro, BTS, ISPA (Institut supérieur de plasturgie d'Alençon), ESP (École supérieure de la plasturgie) à Bellignat…

• Ingénieur d'études

Il conçoit, à partir d'études de marché, le produit qui saura séduire les consommateurs. C'est une fonction stratégique car s'il se trompe, il perd beaucoup d'argent. Ensuite, il coordonne la conception du produit grâce à la CAO (conception assistée par ordinateur). Dans une grande entreprise, il peut être plus spécialisé dans un domaine ou une phase précise de l'élaboration du projet (calculs, essais...). À cheval entre la recherche et la technologie appliquée, il tente aussi d'améliorer les produits et les procédés de fabrication afin de réduire les coûts.

Rigueur, curiosité pour les nouveautés techniques, esprit d'analyse, goût du travail en équipe.

Diplôme d'une école d'ingénieurs et de préférence d'une école recrutant après une classe préparatoire.

➥ **Mais aussi :** mécanicien décolleteur, outilleur, ingénieur des méthodes, ingénieur logistique, ingénieur d'essais.

Travailler dans l'agriculture et l'agroalimentaire

• Ingénieur agronome

Il vise à améliorer la production agricole. Le rôle de l'ingénieur agronome est donc de chercher et de mettre au point de nouvelles gammes de céréales, de légumes ou de fruits, de définir les soins à prodiguer aux animaux, etc. Il joue aussi un rôle de conseiller auprès des exploitants agricoles.

Goût pour la recherche, la nature, sens de l'écoute, psychologie.

Diplôme d'ingénieur agronome dans les ENSA (écoles nationales supérieures d'agronomie).

• Aquaculteur

Technicien de la mer, l'aquaculteur élève ou cultive – dans les exploitations marines ou en eau douce – des poissons, huîtres, crevettes, mollusques, algues...

Bonne résistance physique, amour de la mer et compétences techniques.

BTA aquaculture, BTSA productions aquacoles, BTS technico-commercial en produits alimentaires.

ZOOM

L'AGRICULTURE ET L'AGROALIMENTAIRE

Avec des consommateurs de plus en plus attentifs à la qualité des produits qu'ils achètent, les exploitants agricoles et les professionnels de l'agroalimentaire doivent sans cesse s'adapter à la demande. Côté embauches, les technico-commerciaux ont le vent en poupe, tout comme les chargés de recherche et d'expérimentation, de conseil et d'animation, d'administration et de gestion. La production agricole et viticole génère aussi de nombreux emplois.

Du CAPA au diplôme d'ingénieur. Côté formation, le CAPA (certificat d'aptitude professionnelle agricole) et le BEPA (brevet d'études professionnelles agricoles) peuvent être complétés par un brevet ou un bac professionnel agricole. Après le bac, une quinzaine de BTSA (brevets de technicien supérieur agricole) permettent de se spécialiser. Enfin, une vingtaine d'écoles délivrent un diplôme d'ingénieur spécifique aux secteurs agricole et agroalimentaire.

Jamais de vacances. Dans l'agriculture, les conditions de travail sont particulièrement difficiles et exigent une excellente condition physique. Certains exploitants ne prennent jamais de vacances et connaissent des difficultés financières.

Source : Le Guide des métiers 2001, *hors-série du mensuel* l'Etudiant.

• Contrôleur laitier

Il effectue des vérifications régulières de la production de lait pour en améliorer la productivité et la qualité. Spécialiste de l'élevage bovin, il conseille les éleveurs, les tient au courant de l'évolution des marchés et travaille souvent dans une entreprise spécialisée gérée par ces derniers.

Excellente connaissance des marchés, de l'élevage et du monde paysan, goût des contacts.

BTSA industries agroalimentaires, BTSA biotechnologies ou BTSA productions animales.

• Acheteur

C'est lui qui part à la rencontre des producteurs afin d'acheter les produits nécessaires à son entreprise. Des fraises qui finiront en glaces ou qui seront conditionnées sous vide, des oies destinées à la préparation des blocs de foie gras commercialisés à Noël... L'acheteur tente de négocier au meilleur prix; une fois l'affaire conclue, il lui reste à superviser l'acheminement des marchandises, vérifier les bonnes conditions de transport, la qualité des produits livrés, etc.

Savoir négocier, reconnaître la qualité d'un produit. C'est aussi un commercial car il connaît les prix.

BTSA technico-commercial, ou BTSA productions animales ou DUT techniques de commercialisation.

➥ **Mais aussi :** viticulteur, exploitant agricole, marin-pêcheur, et tous les métiers de l'agroalimentaire.

Travailler dans l'horticulture

• Horticulteur

Il cultive des fleurs, des arbres ou des plantes mais aussi des fruits et des légumes. Il travaille en tant que maraîcher ou dans une pépinière. Il peut se spécialiser dans l'aménagement d'espaces verts, dans la décoration florale.

Dextérité, sens de l'esthétique, bonne condition physique. Aimer la nature et la respecter.

BTSA aménagements paysagers ou bac professionnel, puis BTSA productions horticoles.

• Botaniste

Biologiste spécialisé dans les végétaux qu'il étudie aussi bien sur le terrain qu'en laboratoire, le botaniste recense les espèces, établit des classifications, expérimente de nouvelles techniques de reproduction. Il travaille dans l'industrie pharmaceutique ou bien pour de grandes pépinières, des jardins botaniques, pour la recherche, ou encore dans l'enseignement.

Sens aigu de l'observation, esprit d'analyse, goût pour la recherche.

DEA en biologie végétale, diplôme d'ingénieur agronome + DEA.

• Pépiniériste

Qu'il neige, qu'il vente, qu'il pleuve ou qu'il fasse soleil, le pépiniériste est présent afin de surveiller ses plantations. Des plantations diverses (arbres, arbustes ou plantes) parfois destinées à agrémenter un jardin public, un boulevard ou encore un jardin de particulier. Il veille à leur croissance, s'occupe de leur conditionnement lorsqu'elles doivent être transplantées. Le pépiniériste travaille généralement au sein d'une exploitation horticole, d'une société d'agroalimentaire ou encore pour le compte d'une municipalité.

Aimer la nature et la respecter, être patient, minutieux, avoir le sens de l'observation.

Bac professionnel, BTSA productions horticoles, option pépinières.

• Jardinier d'espaces verts

Il plante, sème, bêche, arrose, élague, taille, repique... en somme, il est chargé de l'entretien et de l'aménagement de tous les espaces verts (jardins publics, ronds-points, arbres de boulevards, etc.). Certains d'entre eux sont spécialisés dans la création de massifs ou l'entretien de terrains de sports. Il travaille pour un paysagiste ou une collectivité locale.

Bonne condition physique permettant de travailler dehors et par tous les temps. Amour de la nature, sens esthétique.

Un CAPA (certificat d'aptitude professionnelle agricole) travaux paysagers ou un BEPA aménagement de l'espace.

POUR ALLER PLUS LOIN

À lire dans la collection « Les Guides de l'Etudiant »

- *Bien choisir son école d'ingénieurs.*
- *Bien choisir son BTS ou son DUT.*
- *Les Métiers au contact des animaux et de la nature.*

À lire également

- *De la mécanique à la productique, électronique et électrotechnique*, Les Cahiers de l'ONISEP.

Pour plus de renseignements

• Comité d'études sur les formations d'ingénieurs, 7, rue Lamennais, 75008 Paris, tél. 01.42.89.15.73.

• Fédération des industries mécaniques, 39-41, rue Louis-Blanc, 92400 Courbevoie, tél. 01.47.17.60.00.

• APECITA (Agence pour l'emploi des cadres, ingénieurs et techniciens de l'agriculture), 1, rue du Cardinal-Mercier, 75009 Paris, tél. 01.44.53.20.20.

• Ministère de l'Agriculture et de la Pêche, informations sur les formations, tél. 01.49.55.45.29.

• Fédération nationale des producteurs de l'horticulture et des pépinières, 19, boulevard de Magenta, 75009 Paris, tél. 01.42.38.63.63.

PROTÉGER

Défendre

• Inspecteur du travail

Sa mission première consiste à faire respecter les règles du droit du travail par les entreprises. Afin de défendre les droits des salariés, il visite donc les entreprises, contrôle les salaires, la durée et les conditions du travail. Lorsqu'il constate qu'une entreprise ne respecte pas les textes de loi, il peut dresser des procès-verbaux qu'il transmet ensuite au tribunal correctionnel. Il peut assister un salarié lors d'un entretien préalable de licenciement. Enfin, il se charge de mener une enquête en cas d'accident du travail.

Autorité certaine, mais également sens des relations humaines, diplomatie.

DUT, BTS ou deuxième cycle d'études universitaires + concours + un an de formation.

• Juriste d'entreprise

Sa tâche consiste à défendre les intérêts de l'entreprise qui l'emploie. À ce titre, il doit particulièrement bien maîtriser les règles juridiques propres au secteur dans lequel il évolue. Il participe aussi au règlement des litiges, aux négociations commerciales, etc. Enfin, il veille au respect de la législation à l'intérieur de l'entreprise. Il peut aussi intervenir en tant que conseiller.

Sens de l'analyse et de l'initiative, diplomatie, maîtrise d'une langue étrangère.

Il est indispensable d'obtenir un DEA ou un DESS en droit des affaires.

• Notaire

Son rôle essentiel est de rédiger et d'authentifier les différents actes et contrats nécessaires pour un mariage, un testament, une adoption, une création de société, ou encore l'achat ou la vente d'un bien immobilier. Il joue un rôle de conseiller auprès des familles ou des entreprises, avant la rédaction de ces différents actes. Il essaie de trouver la formule de contrat ou d'acte notarié la plus avantageuse pour ses clients.

ZOOM

SOUS LES DRAPEAUX

La grande majorité des postes proposés dans l'armée s'adressent aux jeunes de niveau CAP, BEP ou terminale pour des contrats de militaires du rang. Ceux-ci sont au minimum d'une durée d'un an et peuvent se prolonger jusqu'à vingt-deux ans. Au terme de cette période, à moins d'avoir pris du galon, il vous faudra regagner la vie civile.

Avec le bac ou après une prépa. Bac en poche, il devient possible d'entamer une carrière de sous-officier ou d'officier. Toutefois, prenez garde, la sélection est drastique ! Dans ce cadre, l'armée recrute, par exemple, ses infirmiers, mécaniciens, pilotes ou informaticiens, entre autres. Des professionnels qu'elle embauche pour leur spécialisation et auxquels elle dispense une formation militaire et technique. Quant aux élèves issus des classes préparatoires, ils ont la possibilité d'intégrer sur concours les écoles d'officiers pour des postes d'encadrement.

Enfin, sachez que dans l'armée, professionnalisation rime désormais avec féminisation. En effet, les filles ont aujourd'hui accès à pratiquement tous les types de postes. Avis aux ama... trices !

Source : Le Guide des métiers 2001, *hors-série du mensuel* l'Etudiant.

Connaissance de toutes les ficelles du droit, grande discrétion, diplomatie.

Maîtrise de droit + DESS + diplôme supérieur de notariat, ou diplôme d'aptitude à la fonction de notaire.

Pour retrouver rapidement un métier ou un secteur, consultez les index en fin d'ouvrage.

TÉMOIGNAGE

Luc, garde du corps

Avoir de gros bras n'est pas indispensable comme nous l'explique Luc : « Il faut être en bonne condition physique, ne serait-ce que pour dissuader, mais on ne joue pas à Rambo ! C'est un métier très technique, qui nécessite autant d'intuition que de rigueur et donc de faire fonctionner ses méninges ! Lorsque je dois protéger une star, le plus gros du boulot est la mise sur pied du dispositif de sécurité. Il faut anticiper le danger, les réactions du public. Ne rien laisser au hasard. Je refais cent fois le trajet que va emprunter la star, je vérifie toutes les issues, je prévois un plan d'évacuation d'urgence. Il m'arrive même de monter un scénario, juste histoire de tromper la foule !

Ce métier demande une grande disponibilité, car on voyage beaucoup. L'anglais est indispensable ! Moralement j'avoue que c'est même éprouvant : il faut s'adapter, ne pas juger ce milieu souvent ingrat, superficiel. Néanmoins, il y a des moments exaltants, émouvants même, notamment quand les stars vous considèrent plutôt comme un ami, parfois un confident, que comme un simple larbin ! Et puis graviter dans le milieu du *show-biz* a quelque chose de valorisant. Beaucoup de gens voudraient me faire avouer quelques anecdotes. Non ! vous ne saurez rien. Dans mon métier, la discrétion s'impose. »

• Fiscaliste

De concert avec le juriste d'entreprise, il défend les intérêts des sociétés, notamment en essayant de trouver toutes les solutions imaginables (mais légales !) pour que celles-ci paient le moins d'impôts possible. Il travaille dans les grosses sociétés, les cabinets de conseil ou d'expertise comptable.

Esprit d'initiative, rigueur, connaissances en droit et en fiscalité.

École de commerce, DESS de droit des affaires, fiscalité, audit, comptabilité. Diplôme de l'École nationale des impôts.

➥ **Mais aussi :** avocat, ingénieur brevet, administrateur judiciaire, mandataire.

Assurer

• Actuaire

Il assure les compagnies d'assurances ! Avant de lancer un nouveau produit, il tente d'évaluer l'ampleur du risque qui sera couvert : combien y aura-t-il de cambriolages, d'accidents de la route, de catastrophes industrielles, etc. Il s'appuie sur des statistiques en tout genre et calcule alors le montant des primes à verser dans chacun des cas, comme le montant que la société devra se réserver.

Grande rigueur, autonomie, esprit d'analyse, goût pour les statistiques.

Diplôme de l'Institut des actuaires français ou de l'Institut de sciences financières de Lyon.

• Préventionniste

Spécialisé dans la prévention des risques que peut courir une entreprise, il intervient avant la rédaction d'un contrat d'assurance en réalisant une analyse des risques, puis en aidant à la création d'un contrat spécifique. Il joue un rôle de conseiller en aidant le chef d'entreprise à mettre en place un plan de prévention. C'est un expert en environnement, en construction, etc.

Rigueur, imagination, esprit d'analyse, sens du contact, force de persuasion.

Diplôme d'une grande école d'ingénieurs (Arts et Métiers, École centrale).

• Qualiticien

Il veille à la bonne qualité des produits commercialisés. De la réception des matières premières jusqu'à la livraison des produits finis, en passant par la chaîne de production, il traque les défaillances. Il veille au respect des normes, tente d'améliorer la qualité, sans augmenter les coûts, en recueillant notamment les avis des consommateurs.

Sens du contact, parfaite connaissance de la chaîne de production, esprit d'initiative.

Diplôme d'ingénieur de fabrication ou de production + spécialisation qualité.

ZOOM

NOUVEAU MÉTIER : EXPERT SÉCURITÉ SUR INTERNET

Virus, tentatives d'intrusion de *hackers,* espionnage industriel... la sécurité des réseaux informatiques constitue, avec le développement du Net, une enjeu essentiel. D'après une enquête réalisée par le CIGREF (Club informatique des grandes entreprises françaises), près de la moitié des 100 premières entreprises françaises prévoyaient pour l'année 2000 une augmentation de 10 à 20 % de leur budget sécurité.

Dans ce contexte, deux métiers connaissent un développement important. Celui de responsable sécurité et celui d'expert sécurité. Le premier est chargé au sein d'une entreprise de la surveillance et de faire respecter des règles strictes. Le second a pour mission d'analyser le système de sécurité existant, puis de proposer des solutions et d'édicter des règles de fonctionnement.

***Source :* Le Guide des métiers 2001, *hors-série du mensuel* l'Etudiant.**

→ **Mais aussi :** courtier en assurances, rédacteur, expert.

Arbitrer

• **Juge administratif**

Chargé de trancher tous les litiges entre les citoyens et les administrations (hôpitaux, lycées, collectivités locales, etc.), il rédige des conclusions et propose des solutions.

Parfaite maîtrise des techniques juridiques, capacité à travailler vite et à prendre rapidement des décisions, clarté.

Diplôme de l'ENA (École nationale d'administration), Sciences po, troisième cycle en droit administratif.

TÉMOIGNAGE

BRIGITTE, MÉDIATRICE

Lorsqu'un client est « en désaccord avec une compagnie, il s'adresse d'abord au commercial chargé de son dossier. S'ils ne parviennent pas à s'entendre, le responsable de région prend le relais. Lorsque la mésentente persiste, explique Brigitte, j'interviens ! Je suis chargée d'information et responsable du service qualité-réclamations dans une société d'assurances. Quand un client pense du mal de la société, je vérifie le bon déroulement de la procédure. Quand j'approuve la décision de nos services, je démontre au client en quoi la loi nous donne raison.

« Mais lorsque le dossier est tendancieux, j'en discute avec mes collaborateurs et je transmets l'affaire à la direction. C'est l'aspect relationnel de mon métier qui m'intéresse le plus. J'écoute beaucoup mes partenaires mais également les assurés. Pour exercer cette profession, il faut bien connaître le fonctionnement global de la société. Il faut aussi une bonne dose de psychologie, fouiller dans chaque dossier pour rechercher la petite anomalie qui a entraîné la mésentente. Dans cette optique, je réfléchis à la conception et au contenu de nouvelles brochures d'information, je suggère d'autres clauses de contrats au service d'études, etc. Car c'est parfois lassant de n'entendre que des personnes mécontentes ! »

• Juge aux affaires familiales

Il traite des divorces, mais aussi de tout ce qui touche au droit des familles : reconnaissance d'enfants naturels, conflits familiaux, changement d'un prénom ou d'un nom mal supporté, etc. En matière de divorce, il décide qui, du père ou de la mère, aura le droit de garde du ou des enfants, fixe le montant de la pension alimentaire, réglemente les droits de visite, etc.

Fibre sociale, résistance morale pour gérer des situations très conflictuelles, psychologie.

Diplôme de l'ENM (École nationale de la magistrature), accessible sur concours après une maîtrise de droit.

• Juge d'instruction

Il détermine si les charges retenues contre un accusé sont suffisantes et rassemble les éléments qui permettront au tribunal de le juger. Il prend la décision d'une mise en examen, du renvoi devant telle ou telle juridiction, d'un non-lieu ou, au contraire, d'un emprisonnement. Il passe la plupart de ses journées dans son bureau où il auditionne successivement l'inculpé, les témoins, les experts, etc.

Perspicacité, finesse d'esprit, ténacité, sens des responsabilités, bon équilibre psychologique.

Diplôme de l'ENM (École nationale de la magistrature) de Bordeaux, accessible sur concours à bac+4.

• Substitut du procureur

C'est lui qui examine toutes les plaintes qui sont déposées au tribunal. Par exemple, une plainte relative à un PV pour une infraction au code de la route, la plainte d'une société concernant un acte d'escroquerie ou encore une affaire de meurtre. Il étudie scrupuleusement tous les dossiers, décide de classer l'affaire ou au contraire de poursuivre l'enquête en demandant une expertise complémentaire, une reconstitution. Il collabore alors directement avec la police et la gendarmerie. Il participe également aux procès en tant que représentant de l'État, et il peut demander d'infliger une peine à l'accusé.

Intuition, rapidité à prendre les décisions, rigueur, dynamisme, disponibilité, esprit d'analyse.

Diplôme de l'ENM, à Bordeaux, accessible à bac+4 ou avec un diplôme d'IEP.

➥ **Mais aussi :** juge des enfants, juge d'application des peines, médiateur, avoué.

Secourir

• Maître nageur sauveteur

Il enseigne la natation à des personnes de tous les âges, entraîne les plus passionnés et les plus doués à la compétition. Il assure également la surveillance des piscines et des plages. En général, il exerce son métier dans les piscines municipales, mais il peut être embauché par des centres de loisirs ou de vacances qui lui proposent alors un emploi plutôt saisonnier.

À SAVOIR

DES MÉTIERS À SENSATIONS FORTES

On en entend rarement parler, et pourtant, les gendarmes du GSIGN (groupement de sécurité et d'intervention de la gendarmerie nationale) sont toujours en première ligne, risquant souvent leur vie. Le GSIGN fait partie de la légion de gendarmerie mobile d'Île-de-France et dispose notamment de deux unités opérationnelles. D'une part, le GIGN (groupement d'intervention de la gendarmerie nationale), d'autre part, l'EPIGN (escadron parachutiste d'intervention de la gendarmerie nationale). Soit au total, plus de 200 hommes spécifiquement entraînés pour intervenir lors de missions aussi délicates qu'une prise d'otages, lors d'une opération de lutte contre le terrorisme ou le grand banditisme, etc.

Un métier de rêve pour tous ceux qui aspirent à l'aventure, à connaître des sensations fortes. Oui, mais le recrutement de ces supergendarmes s'effectue parmi des professionnels volontaires en service au moins depuis trois ans au sein de la gendarmerie et ayant satisfait à des épreuves de sélection très sévères. Et pour cause, *self-control* oblige !

Excellente condition physique, pédagogie, psychologie, rapidité et sang-froid.

BEESAN (brevet d'État d'éducateur sportif des activités de natation) après une formation de huit mois à trois ans.

• Chargé d'assistance

Employé par une société d'assistance, il organise les secours des touristes abonnés ou accidentés lors de leurs vacances. Il détermine les moyens du rapatriement ou décide avec le médecin, avec qui il travaille en tandem, des soins à apporter sur place. Il peut aussi intervenir en cas de vol ou de perte d'argent, de papiers, etc.

Rapidité, débrouillardise, disponibilité totale pour répondre aux besoins du client.

BTS action commerciale, BTS vente et production touristique et loisirs, licence et maîtrise en langues étrangères appliquées.

➥ **Mais aussi :** pompier, pilote de Canadair, maître-chien au sein de la gendarmerie.

POUR ALLER PLUS LOIN

À lire dans la collection « Les Guides de l'Etudiant »

- *Les Métiers de l'armée.*
- *Les Métiers de la sécurité.*
- *Les Métiers de l'extrême.*

À lire également

- *Le Droit, métiers et formations*, Les Cahiers de l'ONISEP.

Pour plus de renseignements

- Centre de documentation et d'information de l'assurance, 2, rue de la Chaussée-d'Antin, 75009 Paris, tél. 01.42.46.13.13.
- Fédération des courtiers d'assurances, 91, rue Saint-Lazare, 75009 Paris, tél. 01.48.74.19.12. Internet : www.fca.fr
- Conseil supérieur du notariat, 31, rue du Général-Foy, 75008 Paris, tél. 01.44.90.30.00.
- Union syndicale des magistrats, 33, rue du Four, 75006 Paris, tél. 01.43.54.21.26.
- Sapeurs-pompiers de Paris, 1, place Jules-Renard, 75017 Paris, tél. 01.47.54.68.22.
- Syndicat de la magistrature, BP 155, 75523 Paris cedex 11.

Travailler dans la restauration et la gastronomie

• Sommelier

Il s'occupe de l'achat des vins auprès des négociants, gère les stocks, élabore la carte, doit pouvoir répondre aux questions des clients à propos des crus proposés et les conseiller. Il travaille dans un grand restaurant ou dans un magasin spécialisé.

Sens du commerce, connaissances en œnologie, expérience de serveur, maîtrise d'une ou plusieurs langues étrangères.

CAP ou bien BEP restauration + mention complémentaire de sommelier.

• Traiteur

Il propose un large éventail de produits frais, mais élabore également ses propres recettes. Libre à lui de choisir, puis de soigner la présentation de ses créations afin d'attirer et de séduire sa clientèle. Le traiteur peut aussi organiser des réceptions.

Sens du commerce, goût de la préparation et de la présentation des plats, grande rigueur.

BEP (brevet d'études professionnelles) alimentation + mention complémentaire de traiteur.

• Maître d'hôtel

Il veille à la préparation de la salle de restaurant et contrôle le bon déroulement du service lors des repas. Le maître d'hôtel est également responsable de l'accueil des clients. C'est lui qui les place, les renseigne, et prend leur commande.

Organisation, capacités relationnelles, autorité, savoir-vivre, bonne culture générale en gastronomie.

Bac hôtellerie ou bien bac professionnel en restauration + expérience.

➥ **Mais aussi :** pâtissier, commis de cuisine, chef de rang.

TÉMOIGNAGE

MIMI, RESTAURATRICE

Mimi n'a pas choisi ce métier, la vie en a décidé ainsi. Enfin, la mort plutôt... « C'est d'autant plus bizarre que je sais aujourd'hui que j'étais vraiment faite pour ça. Mon mari aussi car il adorait cuisiner. On y songeait, mais on n'a jamais franchi le pas. Alors quand il est décédé, j'ai acheté ce restaurant en pensant qu'il serait pour mon fils. Résultat, il est parti au bout d'un mois, complètement dégoûté !

« Moi, c'est devenu ma drogue ! Dix-huit ans après, je ne suis toujours pas lassée. Ce qui m'enchante, ce sont les contacts avec la clientèle. D'accord il y a des gens franchement antipathiques, mais ceux-là, on les sert et on les oublie ! Avec les autres, c'est fabuleux ! On discute, ils se détendent et on passe un bon moment. On s'embrasse, ils s'en vont et il me reste toujours quelque chose. Et puis, j'ai beaucoup d'habitués. Enfin, l'ambiance d'un restaurant dépend beaucoup de celui qui le fait tourner. Et là, le fait d'être une femme est plutôt un avantage ! La salle, j'y mets ma griffe. Je ne considère pas un client comme un simple numéro. Je laisse mes problèmes sur le pas de la porte et je m'efforce d'être entièrement disponible. Pourtant, c'est un métier épuisant et c'est d'ailleurs la raison pour laquelle on ne doit pas l'exercer sans passion. Il faut être intransigeant sur la qualité, savoir gérer son équipe avec efficacité et diplomatie, oublier l'heure et les années qui passent.

« Parfois, je suis épuisée, mais je n'imagine pas qu'il me faudra arrêter un jour... Je souffre sur le moment mais je me dis "vivement demain" ! J'appelle ça le mal joli ! »

Travailler dans la mode et la beauté

• Designer textile

Il imagine des imprimés et des motifs pour la création de tissus, de papiers peints, de voilages, dont se serviront les créateurs de mode, les professionnels de l'ameublement, de la décoration. Photos, documents d'archives, images infographiques l'aident à trouver de nouvelles inspirations pour la conception et la présentation de ses maquettes, nuanciers et catalogues.

Sens artistique, technicité et connaissance de la fabrication industrielle.

BTS art textile et impression, maîtrise des outils de CAO (conception assistée par ordinateur), Arts-Déco.

• Esthéticienne

Spécialiste de la peau, elle prodigue essentiellement des soins d'hygiène (nettoyage, gommage), mais s'occupe aussi du maquillage des clientes ou de leur remise en forme corporelle. Elle joue souvent le rôle de conseillère et doit donc connaître parfaitement le cosmétique. Elle exerce surtout en institut de beauté. Certaines font évoluer leur carrière en travaillant dans des établissements de soins, pour le théâtre, le cinéma, etc.

Dextérité, aptitudes à conseiller la clientèle, amabilité, douceur, sens des relations humaines.

CAP ou BTS esthétique-cosmétique, spécialisation possible (manucure, maquillage de théâtre, etc.).

• Coiffeur-visagiste

Il coupe les cheveux, leur prodigue des soins, les colore, etc. Mais son rôle est avant tout de conseiller son client sur la coiffure qui conviendra le mieux à son style, à la forme de son visage, aux tendances de la mode. Ce titre exige plusieurs années d'expérience. Assorti d'une bonne renommée, il lui permettra de travailler auprès de mannequins, de comédiens, etc.

Sens artistique, goût des contacts, s'informer sans cesse des nouvelles tendances.

La formation de base est le CAP de coiffeur, ou le brevet professionnel de coiffeur.

TÉMOIGNAGE

MYRIAM, MAQUILLEUSE

Maquiller des stars, ça fait rêver ! « C'est vrai que c'est exaltant. J'ai la chance d'exercer à la télé comme dans la mode alors je rencontre des personnalités très différentes, j'apprends plein de choses, je vis à cent à l'heure. J'aime les contacts, la nouveauté et le fait d'avoir un rôle dans ce grand tourbillon ! C'est l'excitation la plus totale parce que tel ou tel présentateur est en retard et qu'il a une mine de papier mâché. C'est à moi de le rendre présentable. Peu à peu, je le vois se détendre sous mes doigts, reprendre confiance. À la télé, le maquillage a quelque chose de valorisant. Dans la mode, je trouve au contraire qu'il annihile un peu la personnalité du mannequin. Ce n'est pas lui qu'on regarde, mais l'image qu'il incarne.

« Pourtant c'est un métier difficile. À cause des stars justement. Elles sont exigeantes, charmantes ou caractérielles ! Il faut donc être disponible. Beaucoup travailler. Vite et bien. Être la première sur le plateau et repartir la dernière. Avoir la paire de ciseaux et l'épingle de sûreté qui fait défaut, mais aussi et surtout de la patience, de l'humour et du tempérament. C'est un milieu chaleureux, passionnant. Mais, justement, quand les vents tournent, que tout m'apparaît un peu trop superficiel, je m'évade dans ma maison de campagne. Non plus pour rêver, mais pour renouer avec de vraies valeurs ! Et ça repart…

« Quand je pense à l'avenir, je me dis qu'un jour je choisirai peut-être de consacrer mon temps à l'enseignement de ce métier. Communiquer son savoir est aussi passionnant que de le mettre en pratique, c'est un autre défi. »

• Moniteur des disciplines de la forme

Aérobic, *step*, musculation, *stretching*, ces sports n'ont plus aucun secret pour lui. Il travaille le plus souvent en salle de gym, au sein d'un organisme dont la vocation est la remise en forme (salle privée ou municipale, établissement de cure ou de remise en forme, etc.). Il est à la fois enseignant et conseiller, veille à la bonne utilisation des appareils par les clients, donne des cours. Un métier à la fois relationnel et physique aux horaires souvent irréguliers, et un emploi du temps plus intensif le week-end et durant les périodes de vacances scolaires.

Énergie, technicité, pédagogie, aisance relationnelle, bonne condition physique.

BEES (brevet d'État d'éducateur sportif) expression gymnique et disciplines associées, haltérophilie, culturisme, musculation...

➥ **Mais aussi :** joaillier, bottier, tailleur, professeur de gymnastique, animateur d'activités physiques pour tous.

POUR ALLER PLUS LOIN

À lire dans la collection « Les Guides de l'Etudiant »

- *Les Métiers de la mode.*
- *Les Métiers du luxe.*
- *Les Métiers du tourisme et de l'hôtellerie.*

Pour plus de renseignements

- Union des métiers de l'industrie hôtelière, 22, rue d'Anjou, 75008 Paris, tél. 01.44.94.19.94.
- Fédération nationale de la coiffure française, 17, rue Notre-Dame-des-Victoires, 75002 Paris, tél. 01.42.61.53.24. Internet : www.fnc.fr
- Fédération française de la couture, du prêt-à-porter, des couturiers et des créateurs de mode, 100, rue du Faubourg-Saint-Honoré, 75008 Paris, tél. 01.42.66.64.44.
- Ministère de la Jeunesse et des Sports, 78, rue Olivier-de-Serres, 75015 Paris, tél. 01.40.45.90.00.

Travailler dans le secteur médical

• Médecin généraliste

C'est en général la première personne que l'on consulte en cas de problème de santé, puis bien souvent, au fil du temps, il devient l'interlocuteur privilégié des familles. Son domaine de compétences est donc très large, son diagnostic essentiel et son sens des relations humaines primordial. Son métier varie considérablement en fonction de sa clientèle et du milieu dans lequel il exerce.

Disponibilité, psychologie, méthode, esprit d'initiative, force morale.

Au moins neuf années d'études (pour le moins) dans une faculté de médecine.

• Dentiste

Spécialiste des problèmes dentaires, maxillaires et des maladies de la bouche, ses connaissances évoluent au rythme des avancées technologiques. Exerçant essentiellement en libéral, il doit se constituer une clientèle et la conserver. Il peut aussi travailler dans un centre de santé. Amabilité et douceur sont de rigueur pour rassurer des clients qui ont gardé de mauvais souvenirs de la roulette de leur enfance.

Grandes précision et habileté manuelle, tact, bon contact avec les enfants.

Cinq ans de formation générale à l'université + un an de préparation à l'exercice du métier.

• Pharmacien

Ce n'est pas un simple vendeur. Sa connaissance des médicaments doit être sans faille pour lui permettre de contrôler les prescriptions, de conseiller ses clients sur les posologies, les modes d'emploi, les contre-indications, etc. Il doit aussi être un bon gestionnaire.

Sens du commerce, rigueur, connaissance encyclopédique des différents médicaments.

Il vous faudra suivre au moins six années d'études en faculté de pharmacie.

TÉMOIGNAGE

NATHALIE, MÉDECIN GÉNÉRALISTE

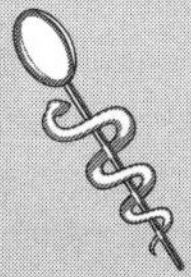

Toute la famille de Nathalie travaille dans le milieu médical. « Alors pourquoi pas moi ? Tant pis pour la vocation ! Pour diagnostiquer, il suffit d'avoir appris ses cours. Pour le reste, c'est une question de psychologie, d'affinités. J'avoue que je n'aurais pas pu travailler auprès des personnes âgées. Je les trouve trop aigries. De même, exercer dans un service de cancérologie pour enfants aurait été psychologiquement trop difficile. Je n'aurais pas non plus eu le courage de partir pour une mission humanitaire. Je tire mon chapeau à ceux qui le font. Ce qui m'intéressait, c'était de pouvoir m'installer, être mon propre patron.

« En l'espace de dix années, j'ai parfois eu l'occasion de déchanter un peu. Financièrement d'abord. Il ne faut pas rêver : sur les 115 F de la consultation, il vous en reste la moitié ! Quant à la clientèle, on ne la choisit pas toujours. Avec certains patients, c'est vrai qu'il existe quelque chose de fort, mais, dans bien des cas, mon rôle ne consiste qu'à guérir des petits bobos. Il y a aussi les malades imaginaires ou les profiteurs. Ceux qui viennent vous demander un arrêt maladie pour récupérer un samedi férié. Bonjour le trou de la Sécu ! Alors là, tant pis pour les relations humaines. Je m'explique et généralement je ne les revois pas ! J'aime mon métier, mais je suis de plus en plus tentée de sélectionner ma clientèle pour être plus sereine et plus efficace. »

• Pédiatre

La santé des enfants est son domaine. De la maladie bénigne et saisonnière aux pathologies plus graves, il est là pour diagnostiquer et prescrire les traitements adéquats, mais aussi pour conseiller les parents dans leur relation quotidienne avec leur enfant. Notamment quand il s'agit de jeunes parents qui ont besoin de conseils en ce qui concerne la diététique ou encore l'éveil de leur nouveau-né, le choix du mode de garde le mieux adapté, etc. Il peut travailler en libéral ou encore en hôpital, se spécialiser dans certaines pathologies, etc.

Être doux, patient, intuitif, aimer les enfants et savoir rassurer les parents.

Études de médecine suivies d'une spécialisation en pédiatrie. Soit dix ans d'études au minimum.

➥ **Mais aussi :** chirurgien, anesthésiste, vétérinaire, médecin du travail.

Travailler dans le secteur paramédical

• Infirmier

Il effectue les soins médicaux, d'hygiène, etc. En milieu hospitalier, il doit aussi surveiller les équipements, assurer le suivi des dossiers. Les horaires sont irréguliers et les responsabilités importantes. Des spécialisations permettent de devenir infirmier anesthésiste ou psychiatrique, infirmier de bloc opératoire ou puéricultrice.

Psychologie, efficacité, moral d'acier et, surtout, posséder une santé de fer.

Bac + diplôme d'État d'infirmier, préparé en trois ans. Les spécialisations exigent un ou deux ans d'études supplémentaires.

• Orthophoniste

Il prévient et rééduque les troubles de la voix, de la parole et du langage (bégaiement, dyslexie...). Il travaille essentiellement auprès des enfants et en libéral.

Persévérance, imagination pour trouver de nouveaux exercices, bon contact avec les enfants.

Bac + le diplôme d'État d'orthophoniste qui se prépare en quatre ans.

• Ergothérapeute

Ce rééducateur vient en aide à ses patients, souvent des handicapés, sans souffrance physique, mais par le travail. Il fait faire des jeux ou

TÉMOIGNAGE

DOMINIQUE, INFIRMIÈRE

Dominique s'imaginait aux urgences, secondant les chirurgiens au chevet de blessés dont la vie ne tenait plus qu'à un fil. Un vrai roman-photo ! Mais diplôme en poche, Dominique constate que la réalité du métier est différente. Des odeurs la saisissent, des regards et des expressions de douleur la transpercent. De simples gestes l'impressionnent, la rebutent. « J'ai réalisé que j'appréciais davantage l'aspect relationnel de ce métier que son côté technique. Faire une intraveineuse était un calvaire ! Et je ne supportais pas la souffrance ni l'idée de voir mourir un malade. »

Adorant les enfants, elle demande donc sa mutation en pédiatrie. Déclic ! Dominique prend le temps d'installer la confiance, tisse des liens. « Les enfants ont besoin de se sentir entourés. Pour leur faire accepter les traitements, il faut les rassurer. Mais rester sincère car ils ne pardonnent pas le mensonge ! » Cette profession requiert de la technicité, des talents de pédagogue et beaucoup de psychologie, surtout à l'égard des parents. Sa plus belle récompense ? « Quand un enfant quitte l'hôpital, m'appelle par mon prénom ou qu'il blague. Bref, quand il oublie un peu sa maladie. Chaque jour, je reçois de grandes leçons de courage. J'ai appris à relativiser, à mesurer ma chance et donc à profiter de la vie ! »

des exercices permettant l'apprentissage ou le réapprentissage des gestes usuels. Véritable thérapeute, ce professionnel peut aider les handicapés moteurs, mais aussi les malades mentaux, grâce au contact créé autour de la peinture, du dessin... La grande majorité des ergothérapeutes sont salariés dans des hôpitaux, des maisons de retraite, des centres de rééducation fonctionnelle...

Patience, persévérance, grand sens des contacts, solide équilibre psychique et physique.

Trois années d'études dans des écoles publiques ou privées agréées mènent au diplôme d'État d'ergothérapeute.

À SAVOIR

LES PROFESSIONS PARAMÉDICALES ONT LA COTE !

Avec un taux de chômage moyen des professionnels du secteur inférieur à 4 %, le paramédical est en pleine forme. Certaines professions connaissent même la pénurie, en particulier les infirmières. Pour y remédier, le ministère des Affaires sociales a augmenté le nombre de places à l'entrée des IFSI (instituts de formation en soins infirmiers). Parmi les autres professions qui ont le vent en poupe : celles d'orthoprothésistes, de podo-orthésiste ou encore d'orthophonistes. En revanche, les laborantins ou techniciens d'analyses biomédicales, les psychomotriciens, les diététiciens connaissent davantage de difficultés d'insertion.

À l'hôpital ou en libéral. La majorité des professionnels paramédicaux travaille à l'hôpital, mais il est aussi possible d'exercer en libéral. Cependant les frais d'installation (jusqu'à 30 500 € – 200 000 F – pour un kiné) sont élevés et ce mode d'exercice réclame, à côté des compétences techniques et des qualités humaines, un talent de gestionnaire et beaucoup de disponibilité.

Source : Le Guide des métiers 2001, *hors-série du mensuel* l'Etudiant.

• Opticien-lunetier

Il conçoit, réalise et délivre les lunettes et les lentilles. Le plus souvent, il travaille à partir de l'ordonnance d'un ophtalmologiste : dans ce cas, son rôle consiste à guider son client dans le choix de ses montures, à réaliser les verres et à assurer l'après-vente (réparations...). Si le client vient de sa propre initiative, l'opticien-lunetier procédera à un examen complet de sa vue dans le but d'évaluer la correction dont il a besoin. Enfin, c'est un commerçant, vendant lunettes de soleil, jumelles...

TÉMOIGNAGE

PASCAL, KINÉSITHÉRAPEUTE

Pascal est un idéaliste : « À 50 ans, j'arrête ! Non mais franchement, vous m'imaginez bedonnant avec ma canne et mon Sonotone continuer à papouiller ma clientèle ? J'ai gardé en mémoire l'image du kiné grand, beau, sportif, celui qu'on s'imagine quand on commence ses études ! Ceci dit, en attendant, je fonce ! Si j'ai voulu exercer en libéral, c'est d'abord parce que je n'aurais pas supporté d'avoir un patron sur le dos. Et puis, dès les premiers stages à l'hôpital, j'ai tout de suite compris que ce milieu n'était pas fait pour moi...

Il faut être psychologue, attentif à la douleur physique, bien sûr, mais aussi à la souffrance morale, à la solitude de certains patients. De fait, il faut du temps, du respect. Ne pas se contenter d'être un bon praticien. Et puis, à l'hôpital, c'était un peu la routine. Moi, j'exerce à domicile mais aussi dans les crèches du quartier. L'argent ? J'y ai cru et j'avais raison. Mais s'il est un cliché qu'il faut relativiser c'est bien celui du kinésithérapeute roulant sur l'or. À vous de juger, cette année par exemple, sur un chiffre d'affaires de 450 000 F, il me restera, toutes charges déduites, 230 000 F pour douze heures de travail par jour, cinq jours sur sept ! Allez, c'est décidé, à 50 ans, j'arrête ! »

Bon niveau technique, sens commercial, savoir gérer sa boutique et fidéliser sa clientèle.

BTS ou du BP du même nom, BEP optique-lunetterie, CAP monteur en optique-lunetterie.

• Manipulateur en électroradiologie

Prendre un cliché par rayons X d'un membre, visualiser un organe grâce aux progrès de la médecine nucléaire, ou encore détruire des cellules cancéreuses en utilisant des rayonnements spécifiques : au quotidien, le manipulateur radio applique des techniques médicales de pointe. Mais son métier consiste aussi à rassurer le patient, souvent impressionné par ces examens dont il sait peu de chose.

Force physique, minutie, rigueur, capacité à rassurer le patient souvent effrayé par les examens.

Diplôme de manipulateur en électroradiologie ou de technicien supérieur en imagerie médicale et radiologie thérapeutique.

➥ **Mais aussi :** podo-orthésiste, puéricultrice, technicien d'analyses biomédicales, diététicien.

POUR ALLER PLUS LOIN

À lire dans la collection « Les Guides de l'Etudiant »

- *Réussir médecine, pharmacie, dentaire.*
- *Les Métiers de l'humanitaire et de la solidarité.*
- *Les Carrières sociales et paramédicales.*

Pour plus de renseignements

- Confédération des syndicats médicaux français, 60, boulevard de la Tour-Maubourg, 75007 Paris, tél. 01.40.62.68.00.
- Fédération française des médecins généralistes, 8-10, boulevard Jourdan, 75014 Paris, tél. 01.43.13.13.13. Internet : www.medsyn/mgfrance.fr
- Union nationale des pharmacies de France, 57, rue Spontini, 75116 Paris, tél. 01.53.65.61.71.
- Fédération française des masseurs-kinésithérapeutes, 24, rue des Petits-Hôtels, 75010 Paris, tél. 01.44.83.46.00.
- Fédération nationale des infirmiers, 7, rue Godot-de-Mauroy, 75009 Paris, tél. 01.47.42.94.13. Internet : www.fni.fr

TRANSPORTER

Conduire

• Pilote d'hélicoptère

Il transporte des personnes, mais peut aussi se spécialiser dans la prise de photos aériennes, le tournage de films, le levage des charges, le contrôle de la circulation, le transport des blessés, le suivi de manifestations comme le Tour de France, etc. Pendant le vol, il doit surveiller son itinéraire, les alentours, garder un œil sur la météo, bref, être très attentif !

Sérieux et rigueur, *self-control*, prudence et bonne connaissance de la météorologie.

Formation et expérience militaire ou justifier de 1500 heures de vol dans l'année.

• Chauffeur routier

Le chauffeur routier travaille comme salarié ou comme indépendant. Il charge les marchandises qu'il transporte chez un client, dans les meilleurs délais et surtout en bon état ! Il doit donc veiller au chargement comme au déchargement des produits, mais aussi à l'entretien du véhicule. Il peut effectuer des transports internationaux, nationaux, ou de simples livraisons en ville. Attention, il est parfois difficile de résister aux pressions de certains patrons routiers qui veulent imposer des cadences infernales, malgré les nouvelles réglementations en vigueur.

Disponibilité, goût pour la conduite, résistance physique, vigilance.

CAP conduite routière, BEP conduite et services dans les transports routiers.

• Ambulancier

C'est à la fois un conducteur et un auxiliaire médical chargé de prodiguer les premiers soins d'urgence. L'ambulancier travaille de jour comme de nuit et assure le transport des grands blessés, des accidentés ou celui des personnes momentanément handicapées ou dépendantes qui ne peuvent donc se rendre à l'hôpital ou, au contraire, rejoindre leur domicile.

TÉMOIGNAGE

SANDRINE, MACHINISTE-RECEVEUR À LA RATP

C'est un titre un peu compliqué. Qui est-il vraiment ? « Le machiniste est celui qui conduit et le receveur celui qui délivre les titres de transport. Moi dans mon autobus, je fais les deux ! Cela fait désormais deux ans que je travaille à la RATP (Régie autonome des transports parisiens).

« Au début, je conduisais à la fois sur des lignes parisiennes et en banlieue. Je préfère nettement la capitale ! Parce qu'il y a plus de moyens de transport qu'en banlieue, la clientèle est mieux servie et donc beaucoup moins stressée. Ce qui la rend plus sympathique. Ensuite, le fait d'être une femme est plutôt un avantage. Au départ, ça intrigue. D'autant que je suis plutôt fluette et que les gens ont toujours tendance à s'imaginer qu'un conducteur de bus doit être un gros costaud ! Mais très vite, la clientèle s'habitue aux femmes conductrices de bus.

« C'est surtout pour le contact, puis pour l'indépendance, et parce que j'aime terriblement conduire que j'ai choisi d'exercer ce métier. Et puis Paris est une ville imprévisible. Il y a des bouchons, des manifs, des arrêts impromptus, etc. Ce que j'apprécie, c'est aussi de travailler en décalé : le jour, la nuit, un week-end ou un jour de fête. Cela permet d'avoir des jours de récupération. Certes, ça demande une bonne condition physique, d'être calme, attentif, prudent. Non, franchement, je ne regrette pas l'époque où j'essayais d'être maquilleuse de mode, ni celle où je travaillais dans le secrétariat. »

Excellente maîtrise de la conduite automobile, rapidité, sang-froid, psychologie, bonne condition physique.

AFPS (attestation de formation aux premiers secours) + certificat de capacité d'ambulancier.

➥ **Mais aussi :** pilote de ligne, conducteur de train, chauffeur de taxi.

À SAVOIR

LE TRANSPORT

C'est un secteur qui offre de nombreux débouchés, dans des domaines variés. Il faut en effet distinguer les métiers liés aux modes de circulation de ceux liés au transport des marchandises ou de passagers et de ceux qui relèvent de la logistique, qui correspond à l'organisation nécessaire pour acheminer les marchandises le plus vite possible et au moindre coût.

La logistique et le transport routier. Ce sont les métiers de la logistique et ceux du transport routier qui offrent le plus d'emplois. Les postes le plus souvent proposés sont ceux de responsable logistique, de responsable d'entrepôt, d'agent d'exploitation et de magasinier. Recrutements en hausse également du côté des aiguilleurs du ciel en raison de l'augmentation du trafic aérien.

Des qualités et des formations. Les métiers du transport et de la logistique nécessitent une grande rigueur, beaucoup d'autonomie et un sens de l'organisation à toute épreuve, car le quotidien peut comporter beaucoup d'impondérables : retards de livraison, véhicules accidentés, absence de conducteurs... De fait, les entreprises recherchent des personnels qualifiés. La formation à la fois théorique et pratique du BTS transport et du DUT gestion logistique et transport est très appréciée. Cependant les formations universitaires professionnalisées, telles les MST et les DESS du domaine de la logistique, permettent également une bonne insertion sur le marché du travail. Enfin, plusieurs écoles spécialisées et financées par la profession assurent des formations à tous les niveaux.

Source : Le Guide des métiers 2001, hors-série du mensuel l'Etudiant.

Exporter

• Agent commercial de transport

Il étudie les besoins des clients prospectés (nature des marchandises à expédier, délais de livraison, etc.), puis négocie les contrats de vente ; enfin, il assure le suivi des dossiers. L'agent commercial de transport est également chargé de régler les litiges ou de trouver des solutions de remplacement en cas d'imprévu.

Sens des affaires, diplomatie, mais aussi capacité à prendre des initiatives.

DUT techniques de commercialisation, transport et logistique, BTS transport, école d'ingénieurs.

• Affréteur

Par téléphone ou sur un ordinateur, il négocie la location puis l'affrètement des bateaux, des avions, des trains, etc. Les sommes en jeu étant généralement très élevées, son objectif est de faire baisser ou monter les prix suivant la fluctuation du marché et la concurrence.

Esprit de stratège, rapidité de réaction, grand sens commercial, maîtrise de langues étrangères.

École de commerce + expérience chez un armateur, un assureur spécialisé ou un courtier.

• Vendeur export

Il vend les produits de son entreprise dans des pays étrangers. Il contacte des clients, leur présente ses articles puis enregistre les commandes et s'occupe du suivi de la livraison. Il organise les réseaux de distribution, recrute et forme des adjoints vendeurs.

Mobilité, sens du commerce, psychologie, esprit d'initiative, maîtrise de langues étrangères.

DUT techniques de commercialisation, BTS commerce international, école de commerce tournée vers l'international (CESEM Reims, EBP France Bordeaux, EPSCI Cergy-Pontoise...).

➥ **Mais aussi :** directeur de l'exportation, commandant de la marine marchande.

À lire dans la collection « Les Guides de l'Etudiant »

- *Les Métiers pour voyager.*
- *Les Métiers de la vente et de la distribution.*

Pour plus de renseignements

- 36.15 OEST, pour avoir toutes les informations sur l'actualité économique du transport.
- Chambre syndicale nationale des services d'ambulances, 19 *bis*, avenue René-Coty, 75014 Paris, tél. 01.43.27.56.74.

Promouvoir

• Responsable de la promotion des ventes

Il élabore des stratégies pour attirer le client et améliorer les ventes : baisse des prix, concours, cadeaux, lancement d'une campagne publicitaire, etc. Il effectue le bilan des résultats obtenus pour savoir s'il doit ou non changer de méthode. Il travaille avec les vendeurs, sous l'égide du directeur commercial.

Dynamisme, imagination, sens des relations humaines et, bien sûr, sens du commerce.

DUT techniques de commercialisation, BTS action commerciale, DESS marketing, école de commerce.

• Assistant en communication

C'est un poste de débutant. Il rédige des communiqués de presse, met à jour les fichiers d'adresses, collabore à l'organisation des cocktails, déjeuners de presse, conférences, prend contact avec les journalistes, etc. Après quelques années d'expérience, il peut devenir chargé des relations publiques ou attaché de presse.

Organisation, rapidité de réaction, sens aigu de la diplomatie.

IEP, 3e cycle universitaire en communication, CELSA, diplôme de l'EFAP (École française d'attachés de presse) ou d'une autre école de communication.

• Décorateur étalagiste

Il gère la promotion de produits ou de marques sur les lieux de vente, en rendant la marchandise la plus attrayante possible. Il travaille sur les couleurs et les sons, les maquettes, les boîtes, les présentoirs...

Sens artistique et commercial indispensable, dextérité, créativité, capacité à s'adapter à un lieu à chaque fois différent.

BTS (brevet de technicien supérieur) expression visuelle, option espaces de communication.

➥ **Mais aussi :** responsable de la communication interne, journaliste d'entreprise.

TÉMOIGNAGE

PHILIPPE, ATTACHÉ DE PRESSE

Philippe travaille dans le domaine de l'édition. « Spontanément, on imagine volontiers l'attachée de presse comme une fille plutôt jolie qui, durant un cocktail très BCBG, sera prête à toutes les grâces pour vendre les produits de sa société... Je dois dire que le cliché m'avait d'abord effrayé. Je me voyais mal parti, d'autant plus que je cherchais un métier en rapport avec la culture et que cette image-là semblait en être éloignée ! Pourtant, je ne me suis pas découragé.

« Après ma licence de philo, j'ai enchaîné sur une formation aux métiers du livre et de la communication. Je surprends souvent les gens. Tant mieux si cela peut combattre leurs à priori.

« Et puis, je ne suis pas là pour placer un maximum de livres, mais pour défendre l'image de la société que je représente, promouvoir ses produits. Je dois donc y croire, savoir en parler, accepter les critiques ! Une bonne culture générale est indispensable, beaucoup de psychologie, de diplomatie et de *self-control* car nous travaillons généralement dans l'urgence. C'est donc un métier prenant, mais très enrichissant. D'abord parce qu'on a la chance de rencontrer des gens intéressants, ensuite parce que j'apprends tous les jours.

« Par ailleurs, au bout de quelques années d'expérience, on acquiert de la crédibilité. Les gens se disent que votre avis a de l'importance. On me confie assez souvent des manuscrits à lire, à critiquer. On me demande mon avis sur une couverture, un projet éditorial... Bref, je ne passe pas mon temps dans les cocktails. »

Commercialiser

• Représentant

Il a pour mission de vendre les produits de l'entreprise pour laquelle il travaille. Le représentant prospecte les clients, puis il leur présente ses produits sur catalogue ou bien à l'aide d'échantillons. Pour convaincre, un représentant doit absolument savoir conseiller. Cela suppose qu'il connaisse parfaitement la marchandise qu'il propose. Il contrôle ensuite le suivi des livraisons, prend note des remarques de ses clients, etc. Il travaille sous la direction du chef des ventes auquel il rend compte de ses tournées. Un représentant est rémunéré en fonction du chiffre d'affaires réalisé.

Dynamisme, sens du commerce et des relations humaines, goût pour les déplacements.

BTS force de vente, technico-commercial ou action commerciale, DUT techniques de commercialisation.

• Chef de rayon

Il sélectionne les produits qu'il veut vendre, puis choisit la façon de les disposer, contrôle le bon affichage des prix. De plus, le chef de rayon gère les stocks, surveille les ventes, décide d'une promotion et enfin règle les litiges avec les clients. Il assure également la formation des vendeurs dont il est responsable.

Rigueur, sens de l'organisation, excellentes connaissances en gestion, capacité d'écoute, dynamisme.

Un BTS action commerciale ou bien un DUT techniques de commercialisation.

• Ingénieur technico-commercial

Il vend des produits fabriqués en fonction des besoins spécifiques d'un client. L'ingénieur technico-commercial doit d'abord analyser le problème, concevoir le produit adéquat, proposer un devis, négocier la commande et enfin, assurer la mise en service du matériel commandé. Il travaille dans le secteur de l'industrie, du bâtiment, de l'informatique, etc.

Connaissances techniques, précision, esprit d'initiative, sens des relations humaines.

DESS marketing et gestion commerciale des produits PME/PMI, diplôme d'ingénieur + formation commerciale.

ZOOM

LE COMMERCE

Le commerce vous intéresse ? Tant mieux car il est en pleine expansion. Mais attention, là comme ailleurs, une formation s'impose. Les recruteurs cherchent des spécialistes, dynamiques et motivés. Par exemple, dans la grande distribution, secteur florissant en matière d'emplois notamment grâce au développement des grandes enseignes, les métiers deviennent de plus en plus complexes. La vente de micro-ordinateurs en grande surface réclame une formation à la fois technique et commerciale. De même, pour diriger un rayon de matériel de golf ou d'équitation, bien des magasins exigent que vous pratiquiez ce sport. Enfin, pour garantir la qualité des produits ou la bonne gestion des stocks, les grandes enseignes recrutent des ingénieurs agroalimentaires, des vétérinaires, des logisticiens, etc.

De la même façon, la conquête des marchés internationaux ne peut se faire sans un certain nombre de compétences. À titre d'exemple, une grande faculté d'adaptation et une bonne maîtrise des langues étrangères vous seront aussi précieuses qu'indispensables.

Source : Le Guide des métiers 2001, *hors-série du mensuel* l'Etudiant.

➥ **Mais aussi :** démonstrateur, chef de produit, responsable de clientèle, commerçant.

Pour retrouver rapidement un métier ou un secteur, consultez les index en fin d'ouvrage.

Négociier

• Acheteur import

L'acheteur import prospecte et consulte, à l'étranger, les différents fournisseurs susceptibles de lui procurer les produits commercialisés par son entreprise. Il compare les offres des uns et des autres et négocie ses commandes en fonction des caractéristiques du produit, des quantités disponibles, des délais de livraison, des canaux d'approvisionnement, etc. Il se charge, en outre, du suivi juridique et financier de l'importation, règle les éventuels contentieux.

Énergie, sens de la négociation, esprit de synthèse, maîtrise d'une ou deux langues étrangères + expérience.

Diplôme d'une école supérieure de commerce ou diplôme d'ingénieur + spécialisation.

• Négociateur immobilier

Il recherche des locaux à vendre ou à louer. Il procède à leur estimation puis les fait visiter par d'éventuels acquéreurs, discute les prix, suit l'affaire jusqu'à la signature du contrat. Il travaille généralement au sein d'un cabinet d'administration de biens ou d'une société immobilière. Il perçoit un salaire fixe auquel s'ajoutent des commissions en fonction des affaires conclues.

Dynamisme, bonne connaissance de la législation immobilière, diplomatie.

BTS professions immobilières, bac + formation dans une école spécialisée.

• Chef de publicité en régie

Il vend des pages de pub dans les magazines, les radios, les chaînes de télévision. Son travail consiste à convaincre des annonceurs (directeurs généraux, chefs de produit) d'insérer leur campagne dans les supports médiatiques pour lesquels il travaille.

Ténacité, bonnes connaissances en marketing, grande aisance commerciale.

Diplôme d'une grande école de commerce ou d'un IEP, DEA ou DESS de marketing.

➥ **Mais aussi :** commissaire-priseur, négociant, galeriste d'art.

À lire dans la collection « Les Guides de l'Etudiant »

- *Les Métiers de la communication.*
- *Les Métiers du marketing et de la publicité.*
- *Les Métiers du patrimoine et de la culture.*

Pour plus de renseignements

- Compagnie des dirigeants d'approvisionnement et des acheteurs de France, 2, rue Paul-Cézanne, 93360 Neuilly-Plaisance, tél. 01.43.08.20.20.
- Conseil national du commerce, 8, place d'Iéna, 75116 Paris, tél. 01.44.34.68.34.

CARNET D'ADRESSES

LES CENTRES D'INFORMATION JEUNESSE

Vous trouverez au CIDJ (Centre d'information et de documentation pour la jeunesse) à Paris et dans les CRIJ (centres régionaux d'information jeunesse) une documentation fournie sur les métiers, les secteurs professionnels, les formations, etc. Les CIJ sont également une mine d'informations pour la vie quotidienne (logement, loisirs, jobs...).

06000 Nice
19, rue Gioffredo, tél. 04.93.80.93.93.

13001 Marseille
96, la Canebière,
tél. 04.91.24.33.50,
E-mail : crijpa@wanadoo.fr.

14000 Caen
16, rue Neuve-Saint-Jean,
tél. 02.31.27.80.80.

20294 Bastia cedex
3, bd Auguste-Gaudin, BP 246,
tél. 04.95.32.12.13.

21000 Dijon
18, rue Audra, tél. 03.80.44.18.44.

25000 Besançon
27, rue de la République,
tél. 03.81.21.16.16,
E-mail : crjfc@fc-net.fr.

31000 Toulouse
17, rue de Metz,
tél. 05.61.21.20.20.

33000 Bordeaux
5, rue Duffour-Dubergier,
tél. 05.56.56.00.56.

34094 Montpellier cedex 05
3, av. Charles-Flahault,
tél. 04.67.04.36.66,
E-mail : crij.montpellier@wanadoo.fr

35043 Rennes cedex
Maison du Champ-de-Mars,
6, cours des Alliés, CS 84304,
tél. 02.99.31.47.48,
E-mail : CIJBb@wanadoo.fr.

38028 Grenoble cedex 1
8, rue Voltaire,
tél. 04.76.54.70.38,
E-mail : crij@alpes-nat.fr,
Web : www.alpes-net.fr/assoc/crij

44002 Nantes cedex 01
28, rue du Calvaire, BP 80214,
tél. 02.51.72.94.50,
E-mail : crijpdl@mygale.org,
Web : www.mygale.org/02/crijpdl

44612 Saint-Nazaire cedex
25, bd Victor-Hugo BP 407,
tél. 02.40.01.92.02.

45000 Orléans
3-5, bd de Verdun, tél. 02.38.78.91.78.

51100 Reims
41, rue de Talleyrand,
tél. 03.26.79.84.79,
E-mail : ijca@wanadoo.fr

54000 Nancy
20, quai Claude-le-Lorrain,
tél. 03.83.37.04.46,
E-mail : crij-lorraine@wanadoo.fr

59000 Lille
2, rue Nicolas-Leblanc,
tél. 03.20.12.87.30,
E-mail : crij-lille@hotmail.com,
Web : www.crij-mpdc.asso.fr

59650 Villeneuve-d'Ascq
Maison communale de la ferme Dupire,
rue Yves-Decugis,
tél. 03.20.43.50.83,
E-mail : omjc@nordnet.fr

63009 Clermont-Ferrand cedex 1
5, rue Saint-Genès, BP 337,
tél. 04.73.92.40.71.

67000 Strasbourg
7, rue des Écrivains,
tél. 03.88.37.33.33,
E-mail : doc@cija.org,
Web : http://cija.org

69216 Lyon cedex 02
9, quai des Célestins, BP 2308,
tél. 04.72.77.00.66.

75740 Paris cedex 15
101, quai Branly, tél. 01.44.49.12.00,
E-mail : cidj@cidj.asso.fr,
Web : www.cidj.asso.fr,
www.information-jeunesse.fr

76000 Rouen
84, rue Beauvoisine,
tél. 02.35.98.38.75.

77000 Melun
36, av. de la Libération,
tél. 01.64.39.60.70.

78000 Versailles
2, place Charost,
tél. 01.39.50.22.52.

80000 Amiens
56, rue du Vivier,
tél. 03.22.71.16.20,
E-mail : crijpicardie@hotmail.com

86004 Poitiers cedex
64, rue Gambetta, BP 176,
tél. 05.49.60.68.68,
E-mail : crijpc@pcl.fr

87031 Limoges cedex
Hôtel de région,
27, bd de la Corderie,
tél. 05.55.45.18.70.

91004 Évry cedex
Hall de la gare d'Évry-Courcouronnes,
BP 102, tél. 01.60.78.27.27,
E-mail : cijessonne@aom.com

95027 Cergy-Pontoise cedex
1, place des Arts, BP 315,
tél. 01.34.41.67.67,
E-mail : c.i.j95@wanadoo.fr

97110 Pointe-à-Pitre
Immeuble des fonctionnaires,
2, bd Légitimus, esc. 6,
tél. 0590.90.13.10,
E-mail : Cijgua.pap@wanadoo.fr

97205 Fort-de-France cedex
14, rue André-Aliker, BP 470,
tél. 05.96.63.50.57,
E-mail : cf@outremer.nq

97345 Cayenne cedex
122, bd du Général-de-Gaulle,
BP 1138,
tél. 0594.29.64.50.

97400 Saint-Denis
5, rue du Maréchal-Leclerc,
tél. 02.62.41.26.03,
E-mail : crijreunion@runtel.fr

LES DÉLÉGATIONS RÉGIONALES DE L'ONISEP

L'ONISEP (Office national d'information sur les enseignements et les professions) publie de nombreuses brochures sur les formations et les métiers. Les délégations régionales diffusent les publications nationales, mais élaborent aussi une documentation propre à chaque région.

06181 Nice cedex 2
53, av. Cap-de-Croix,
tél. 04.93.53.70.66,
E-mail : dronice@onisep.fr,
Web : www.onisep.fr/nice

13095 Aix-en-Provence cedex 02
Rotonde du Bois-de-l'Aune,
Le Forum, BP 689,
tél. 04.42.95.29.25,
E-mail : droaix@onisep.fr,
Web : www.onisep.fr/aix

14070 Caen cedex 5
21, rue du Moulin-au-Roy,
BP 5141,
tél. 02.31.56.64.64,
E-mail : drocaen@onisep.fr,
Web : www.onisep.fr/caen

20000 Ajaccio
3, rue Docteur-Versini,
tél. 04.95.21.16.52,
E-mail : drocorse@onisep.fr,
Web : www.onisep.fr/corse

21000 Dijon
5, rue Claude-Bernard,
tél. 03.80.50.97.50,
E-mail : drodijon@onisep.fr,
Web : www.onisep.fr/dijon

25030 Besançon cedex
45, av. Carnot,
tél. 03.81.65.74.90,
E-mail : ce.onisep@ac-besancon.fr,
Web : www.onisep.fr/besancon

31400 Toulouse
41, rue Achille-Viadieu,
tél. 05.61.52.47.42,
Web : www.onisep.fr/toulouse

33021 Bordeaux cedex
31-33, av. Carnot, BP 213,
tél. 05.56.08.80.80,
E-mail : eborneuf@onisep.fr,
Web : www.onisep.fr/bordeaux

34064 Montpellier cedex
31, rue de l'Université,
tél. 04.67.60.55.85,
E-mail : dromontpellier@onisep.fr,
Web : www.onisep.fr/montpellier

35004 Rennes cedex
Allée Pierre-de-Coubertin, BP 187,
tél. 02.23.35.53.56,
E-mail : drorennes@onisep.fr,
Web : www.onisep.fr/rennes

38023 Grenoble cedex 1
11, av. du Général-Champon,
BP 1411,
tél. 04.76.74.70.27,
E-mail : drogrenoble@onisep.fr,
Web : www.onisep.fr/grenoble

44322 Nantes cedex 3
32, rue du Fresche-Blanc, BP 92217,
tél. 02.40.16.02.16,
E-mail : dronantes@onisep.fr,
Web : www.onisep.fr/nantes

45016 Orléans cedex 1
1 *bis,* rue Chanzy, BP 609,
tél. 02.38.42.16.42,
E-mail : droorleans@onisep.fr,
Web : www.onisep.fr/orleans

51055 Reims cedex
1, rue Kellerman, BP 1122,
tél. 03.26.40.32.63,
E-mail : droreims@onisep.fr,
Web : www.onisep.fr/reims

54035 Nancy cedex
45, cours Léopold, CO 13,
tél. 03.83.35.71.09,
E-mail : dronancy@onisep.fr,
Web : www.onisep.fr/nancy

59012 Lille cedex
2 *bis,* place de la République, BP 1086,
tél. 03.20.15.81.61,
E-mail : drolille@onisep.fr,
Web : www.onisep.fr/lille

63000 Clermont-Ferrand
8 *bis,* rue Rameau,
tél. 04.73.43.62.62,
E-mail : droclermont@onisep.fr,
Web : www.onisep.fr/clermont

67082 Strasbourg cedex
5, quai Zorn, tél. 03.88.15.09.35,
Web : www.onisep.fr/strasbourg

69246 Lyon cedex 05
2, rue Sœur-Bouvier, BP 5016,
tél. 04.78.25.46.30,
E-mail : drolyon@onisep.fr,
Web : www.onisep.fr/lyon

75020 Paris
44, rue Alphonse-Penaud,
tél. 01.44.62.35.40,
E-mail : droparis@onisep.fr,
Web : www.onisep.fr/paris

76000 Rouen
16, rue Racine, tél. 02.35.71.66.21,
E-mail : drorouen@onisep.fr,
Web : www.onisep.fr/rouen

78002 Versailles cedex
11, rue Vauban, BP 265,
tél. 01.39.07.13.50,
E-mail : droversailles@onisep.fr,
Web : www.onisep.fr/versailles

80043 Amiens cedex 01
3, rue Saint-Fuscien,
tél. 03.22.92.73.81,
E-mail : droamiens@onisep.fr,
Web : www.onisep.fr/amiens

86022 Poitiers cedex
Forum Rivaud,
17, place Henri-Barbusse, BP 615,
tél. 05.49.41.59.58,
E-mail : dropoitiers@onisep.fr,
Web : www.onisep.fr/poitiers

87036 Limoges cedex
Domaine universitaire de Vanteaux,
39 H, rue Camille-Guérin,
tél. 05.55.43.28.10,
E-mail : drolimoges@onisep.fr,
Web : www.onisep.fr/limoges

94025 Créteil cedex
12, rue Georges-Enesco,
tél. 01.41.78.94.94,
E-mail : drocreteil@onisep.fr,
Web : www.onisep.fr/creteil

97261 Fort-de-France cedex
7, bd Attuly, BP 607,
tél. 0596.72.57.97,
E-mail : droantilles@onisep.fr
ou antguy@wanadoo.fr,
Web : www.onisep.fr/antilles

97466 Saint-Denis cedex
158, rue Juliette-Dodu, BP 305,
tél. 0262.41.42.90,
E-mail : droreunion@onisep.fr,
Web : www.onisep.fr/reunion

L'ÉCOLE DES PARENTS ET ÉDUCATEURS

L'EPE (École des parents et éducateurs) offre aux parents et aux lycéens divers services gratuits : documentation, consultation, stages de formation...

01000 Bourg-en-Bresse
Maison de la vie associative,
bd Irène-Joliot-Curie,
tél. 04.74.45.29.15.

13013 Marseille
143, av. des Chutes-la-Vie,
tél. 04.91.10.06.30.

14000 Caen
5, rue Daniel-Huet, tél. 02.31.38.83.83,
E-mail : epecaen@yahoo.fr

17100 Saintes
L'esplanade du 6e-RI,
tél. 05.46.93.54.64.

30000 Nîmes
42, bd Sergent-Triaire,
tél. 04.66.29.46.27.

31000 Toulouse
2, rue Saint-Jean, tél. 05.61.52.22.52.

38000 Grenoble
6, rue Berthe-de-Boissieux,
tél. 04.76.87.54.82,
E-mail : epeisere@wanadoo.fr

42000 Saint-Étienne
15, rue Léon-Lamaizière,
tél. 04.77.92.67.48.

45000 Orléans
17, rue de la Bretonnerie,
tél. 02.38.53.95.30.

57000 Metz
1, rue du Coëtlosquet,
tél. 03.87.69.04.87.

68000 Colmar
Maison des associations,
6, rte d'Ingersheim, tél. 03.89.24.25.00.

69001 Lyon
7, place des Terreaux, tél. 04.78.27.44.29,
E-mail : ecole-des-parents-lyon@wanadoo.fr

74000 Annecy
4, passage de la cathédrale,
tél. 04.50.45.13.67.

75543 Paris cedex 11
5, impasse Bon-Secours,
tél. 01.44.93.44.88.

84000 Avignon
26, rue des Teinturiers, tél. 04.90.82.79.48.

LE SERVICE INFORMATION FAMILLE

Le SIF (Service information famille) est un organisme qui émane de l'APEL (Association des parents d'élèves de l'enseignement libre). Il a pour mission d'informer les jeunes et les familles sur les diverses filières de formation et sur les débouchés professionnels. Chaque antenne régionale dispose d'une documentation, répond par téléphone aux questions des lycéens et organise des entretiens sur rendez-vous.

13006 Marseille
20, rue Dieudé, tél. 04.91.54.37.96,
Web : www.apel.asso.fr

14000 Caen
33, place de la Reine-Mathilde,
tél. 02.31.94.62.22,
E-mail : urapel.caen@wanadoo.fr,
Web : www.apel.asso.fr

16000 Angoulême
16 *bis,* rue Saint-André,
tél. 05.45.94.83.38,
Web : www.apel.asso.fr

25000 Besançon
19, rue Mégevand,
tél. 03.81.83.03.24,
E-mail : urapel25@wanadoo.fr,
Web : www.apel.asso.fr

31500 Toulouse
28, rue de l'Aude,
tél. 05.61.80.50.34,
E-mail : apel.toulouse@wanadoo.fr,
Web : www.apel.asso.fr

33300 Bordeaux
54, bd Godard, tél. 05.56.69.93.21,
E-mail : urapel.aquitaine@wanadoo.fr,
Web : www.apel.asso.fr

34000 Montpellier
29, rue de la Providence,
tél. 04.67.60.71.30,
E-mail : urapellang@wanadoo.fr,
Web : www.apel.asso.fr

35042 Rennes cedex
45, rue de Brest, CS 34210,
tél. 02.99.33.75.13,
Web : www.apel.asso.fr

38700 La Tronche
19, avenue maquis du Grésivaudan,
tél. 04.76.51.37.78,
E-mail : urapel.udapel.greu@wanadoo.fr,
Web : www.apel.asso.fr

44041 Nantes cedex 1
47, rue François-Bruneau,
tél. 02.40.14.57.07,
E-mail : urapel.sif.nantes@wanadoo.fr,
Web : www.apel.asso.fr

45000 Orléans
51, bd Aristide-Briant,
tél. 02.38.24.28.48,
E-mail : urapelorle@wanadoo.fr,
Web : www.apel.asso.fr

51038 Châlons-en-Champagne cedex
64 *bis,* rue grande étape,
tél. 03.26.70.42.25,
E-mail : urapel.champardenne@wanadoo.fr, Web : www.apel.asso.fr

54000 Nancy
32, av. Foch, tél. 03.83.90.13.76,
E-mail : sif.lorraine@wanadoo.fr,
Web : www.apel.asso.fr

59042 Lille cedex
16, rue Négrier,
tél. 03.20.12.54.41,
E-mail : SIF.URAPEL.LILLE@wanadoo.fr,
Web : www.apel.asso.fr

63022 Clermont-Ferrand cedex 02
28, rue Bernard-Brunhes, BP 284,
tél. 04.73.91.44.51,
Web : www.apel.asso.fr

67081 Strasbourg cedex
2, rue des Frères,
tél. 03.88.24.16.20,
E-mail : apel.alsace@wanadoo.fr,
Web : www.apel.asso.fr

69002 Lyon
7, rue Vaubecour,
tél. 04.78.37.74.71,
E-mail : udapel69@wanadoo.fr,
Web : www.apel.asso.fr

75005 Paris
277, rue Saint-Jacques,
tél. 01.53.73.73.90,
Web : www.apel.asso.fr

75008 Paris
7, rue Pasquier, tél. 01.47.42.42.47,
E-mail : urapel@apel75.com,
Web : www.apel75.com

76044 Rouen cedex
43, route de Neufchâtel,
tél. 02.35.07.27.62.
E-mail : urapel.rouen@wanadoo.fr
Web : www.apel.asso.fr

80000 Amiens
43, rue Laurendeau, tél. 03.22.33.51.08.
Web : www.apel.asso.fr

83000 Toulon
50, rue Jean-Jaurès,
tél. 04.94.92.86.39.
E-mail : udapel-var@wanadoo.fr ou
urapelnicecorse@wanadoo.fr
Web : www.apel.asso.fr

87036 Limoges cedex
86-88, av. Baudin, tél. 05.55.77.58.97.
E-mail : c.villeneuve@wanadoo.fr,
Web : www.apel.asso.fr

89140 Cuy
17, rue Colette, tél. 03.86.95.40.43,
E-mail : udapel.yonne@wanadoo.fr
ou urapeldijon@wanadoo.fr
Web : www.apel.asso.fr

94020 Créteil cedex
2, rue Antoine-Etex,
tél. 01.43.99.02.36.
E-mail : apel.creteil@wanadoo.fr
Web : www.apel.asso.fr

LES AUTRES CENTRES PRIVÉS D'INFORMATION ET D'ORIENTATION

Certains des organismes suivants, simples centres de documentation, peuvent vous fournir des informations sur les filières d'études, les métiers, les secteurs professionnels. D'autres proposent en outre des consultations individuelles, des bilans, des tests...

13006 Marseille Cantini
Association du centre d'orientation, de psychologie appliquée et de documentation,
86, rue Edmond-Rostand,
tél. 04.91.37.41.05.

54000 Nancy
Centre familial d'orientation scolaire et professionnelle,
133, rue Saint-Dizier,
tél. 03.83.17.57.57.

75002 Paris
Centre d'information et de documentation sur l'enseignement privé,
6, rue Monsigny,
tél. 01.44.55.34.80.

75002 Paris
Centre d'orientation pédagogique des Petits-Champs,
63, rue Sainte-Anne,
tél. 01.42.96.68.12.

75005 Paris
Office de documentation et d'information sur l'enseignement privé,
45, av. Georges-Bernanos,
tél. 01.43.29.90.70.

75005 Paris
Secrétariat général de l'enseignement catholique français,
277, rue Saint-Jacques,
tél. 01.53.73.73.50.

75007 Paris
Centre d'orientation et d'aide psychologique du service social des jeunes, 27, av. de Ségur,
tél. 01.47.83.66.95.

75007 Paris
Centre d'orientation et d'examens psychologiques,
18, rue de Varenne,
tél. 01.44.39.74.10.

75007 Paris
Centre national de documentation sur l'enseignement privé,
20, rue Fabert,
tél. 01.47.05.32.68.

75009 Paris
Orientation, information, conseil
6, rue Rougemont,
tél. 01.45.23.17.33.

75311 Paris cedex 09
Fédération protestante de France,
47, rue de Clichy, tél. 01.44.53.47.00.

75750 Paris cedex 15
Consultation familiale de psychologie et d'orientation de la Caisse d'allocations familiales d'Île-de-France,
12, rue Viala,
tél. 01.45.77.84.48.

LES CITÉS DES MÉTIERS

Centre de documentation et de ressources, en libre accès, la Cité des métiers parisienne a fait des émules en province. Voici les adresses des cités des métiers qui fonctionnent en 2001. Pour connaître les nouvelles ouvertures, vous pouvez vous connecter au site Internet www.citedesmetiers.com

22440 Ploufragan
Le Tertre de la Motte, BP 68,
tél. 02.96.76.51.51.
Web : www.cite-des-metiers22.asso.fr

30000 Nîmes
8, rue de l'Horloge,
tél. 04.66.36.98.60.
Web : www.citedesmetiers.gard.com

90000 Belfort
place de l'Europe,
tél. 03.84.90.40.00.
Web : www.mife90.org

INDEX DES MÉTIERS

INDEX GÉNÉRAL

DONNEZ-NOUS VOTRE AVIS !

Ce livre est remis à jour régulièrement.
Pour l'améliorer, votre avis nous est indispensable.
N'hésitez pas à nous communiquer critiques et suggestions.

Vous pouvez également entrer en contact avec nous
par e-mail : orollot@letudiant.fr

Nom .... **Prénom** ....

Âge .... **Niveau d'études** ....

Adresse ....

.... tél. ....

À RETOURNER À OLIVIER ROLLOT, « LES GUIDES DE L'ETUDIANT »
27, RUE DU CHEMIN-VERT - 75543 PARIS CEDEX 11

310-09/2001

Éditions l'Etudiant

Directeur de collection : Olivier Rollot.

Assistante : Isabelle Gruet.

Édition :

Christine Aubrée (coordination éditoriale)

Séverine Maestri, Virginie Matéo, Laurence Merland.

Secrétariat de rédaction/maquette :

Françoise Granjon (première secrétaire de rédaction),
Christine Chadirac, Nathalie Grisoni, Nathalie Moreau Donohue, Brigitte Ourlin.

Visuel :

Directrice artistique : Evelyne Voillaume.
Conception graphique : Val Tarrière.
Conception couverture :
Isabelle Chasserant, Elsa Daillencourt, Éliane Degoul,
Iconographe : Gertrude O'Byrne.

Fabrication : Sabine Enders.

Diffusion : Emmanuelle Ould-Aoudia.

27, rue du Chemin-Vert, 75543 Paris cedex 11
Dépôt légal : septembre 2001
Imprimé en France

Imprimerie Darantiere : n° d'impression 230-288

ISBN 2-84624-132-5
ISSN 1262-327X
Série Métiers : ISSN 1271-948X